乡村振兴 法治相伴

农村治安管理实用手册

知识问答与法律依据

法律出版社法律应用中心 / 编

法律出版社 | LAW PRESS

北京

图书在版编目（CIP）数据

农村治安管理实用手册：知识问答与法律依据 / 法律出版社法律应用中心编. -- 北京：法律出版社，2025. -- ISBN 978-7-5244-0611-2

Ⅰ. D922.145

中国国家版本馆 CIP 数据核字第 202582W0K2 号

农村治安管理实用手册：知识问答与法律依据
NONGCUN ZHIAN GUANLI SHIYONG SHOUCE：ZHISHI WENDA YU FALÜ YIJU

法律出版社
法律应用中心　编

策划编辑 朱海波
责任编辑 朱海波
装帧设计 鲍龙卉

出版发行 法律出版社
编辑统筹 法律应用出版分社
责任校对 蒋　橙
责任印制 刘晓伟
经　　销 新华书店

开本 A5
印张 7.875　　**字数** 180 千
版本 2025 年 9 月第 1 版
印次 2025 年 9 月第 1 次印刷
印刷 涿州市星河印刷有限公司

地址：北京市丰台区莲花池西里 7 号（100073）
网址：www.lawpress.com.cn
投稿邮箱：info@lawpress.com.cn
举报盗版邮箱：jbwq@lawpress.com.cn

销售电话：010-83938349
客服电话：010-83938350
咨询电话：010-63939796

书号：ISBN 978-7-5244-0611-2　　**定价**：39.00 元

凡购买本社图书，如有印装错误，我社负责退换。电话：010-83938349

目 录

一、综合性规定

二、日常治安管理

三、反诈骗、反赌博、反邪教

五、关于老年人、未成年人等特定群体的规定

六、特定场所或设施的保护

七、治安纠纷的解决程序和救济

附　录

一

综合性规定

01 什么是社会治安综合治理?

社会治安问题是社会各种矛盾的综合反映,必须动员和组织全社会的力量,运用政治的、法律的、行政的、经济的、文化的、教育的等多种手段进行综合治理。社会治安综合治理贯彻党委领导、政府主导、综治协调、各部门齐抓共管、社会力量积极参与的社会治安防控体系建设工作格局。

社会治安综合治理坚持打击和防范并举,治标和治本兼顾,重在治本的方针。其主要任务是:打击各种危害社会的违法犯罪活动,依法严惩严重危害社会治安的刑事犯罪分子;采取各种措施,严密管理制度,加强治安防范工作,堵塞违法犯罪活动的漏洞;加强对全体公民特别是青少年的思想政治教育和法治教育,提高文化、道德素质,增强法治观念;鼓励群众自觉维护社会秩序,同违法犯罪行为作斗争;积极调解、疏导民间纠纷,缓解社会矛盾,消除不安定因素;加强对违法犯罪人员的教育、挽救、改造工作,妥善安置刑满释放人员,减少重新违法犯罪。

社会治安综合治理要加强基层组织建设和制度建设,把各项措施落实到基层单位,形成群防群治网络。要充分发挥村民委员会、城市居民委员会维护社会治安的积极作用。

02 什么是社会治安综合治理一票否决权制度？

根据《健全落实社会治安综合治理领导责任制规定》的有关规定，各地党政主要负责同志是社会治安综合治理的第一责任人，社会治安综合治理的分管负责同志是直接责任人，领导班子其他成员承担分管工作范围内社会治安综合治理的责任。

党政领导班子、领导干部违反《健全落实社会治安综合治理领导责任制规定》或者未能正确履行该规定所列职责，有下列情形之一的，应当进行责任督导和追究：(1)不重视社会治安综合治理和平安建设，相关工作措施落实不力，本地区本系统本单位基层基础工作薄弱，治安秩序严重混乱的；(2)本地区本系统本单位在较短时间内连续发生重大刑事案件、群体性事件、公共安全事件的；(3)本地区本系统本单位发生特别重大刑事案件、群体性事件、公共安全事件的;(4)本地区本单位社会治安综合治理工作(平安建设)考核评价不合格、不达标的;(5)对群众反映强烈的社会治安重点地区和突出公共安全、治安问题等,没有采取有效措施或者出现反弹的;(6)各级党委和政府及社会治安综合治理委员会认为需要查究的其他事项。

对存在上述情形受到挂牌督办后仍未按期完成整改目标,或者危害特别严重或者影响特别重大的地区、单位,由相应的上一级社会治安综合治理委员会按照中央有关规定,商有关部门共同研究决定实行一票否决权制。对受到一票否决权制处理的地区、单位,在一年内,取消该地区、单位评选综合性荣誉称号的资格,由组织人事部门按照有关权限和程序办理;取消该地区、单位主要领导干部、主管领导干部、分管领导干部评先受奖、晋职晋级的资格,由组织人事部门按照干部管理权限和程序办理,并会同社会治安综合治理委员会办公室,按照中央有关规定向上级有关部门进行报告、备案。需要追究该地区、单位党政领导干部责任的,移送纪检监察机关依纪依法处理。

03 乡镇派出所在治安综合治理中的职责是什么?

根据《公安机关组织管理条例》第6条的规定,市、县、自治县公安局根据工作需要设置公安派出所。派出所的设置是公安机关组织架构中的一部分,是上级公安机关在乡镇地区的延伸和补充。在农村治安管理中,乡镇派出所作为公安机关的基层组织,在维护社会稳定、保障人民合法权益方面发挥着重要作用。派出所在治安综合治理方面的职责主要包括以下几个方面:(1)管理辖区内的实有人口(包括常住人口、暂住人口和境外在本辖区居住人员)。(2)依法管理辖区内的特种行业、公共娱乐服务场所和枪支、弹药、爆炸、剧毒等危险物品。(3)配合有关部门预防火灾、爆炸、中毒等治安灾害事故。(4)依法监督、指导辖区内的机关、团体、企业、事业单位的治安保卫工作,组织、指导单位保卫组织和群众开展安全防范;在辖区内开展以治保会为主体的多层次的群防群治工作,预防可防性案件的发生。(5)通过日常治安防范和管理工作发现违法犯罪线索,侦破应由派出所受理的一般刑事案件。(6)依法查处治安案件,调解治安纠纷。(7)协助上级公安机关做好处置群体性事件工作。(8)加强对非法宗教、邪教活动的掌握控制工作。(9)对辖区群众进行法治宣传;对辖区内违法青少年进行帮教;对被判处管制、剥夺政治权利、缓刑、假释、监外执行或保外就医的罪犯开展监督、考察和改造工作;对被社区矫正和少管人员进行社会化协同教育,做好其回归社会后的衔接帮扶工作,同时做好群众违法犯罪的预防工作。

04 村治保委员会是什么性质的组织？担负哪些职责？

村治安保卫委员会是基层治安保卫组织，肩负着协助维护社会治安的重要职责，是党和政府动员组织群众维护社会治安秩序的桥梁和纽带。村治保委员会的具体设置、组成人员和具体职责各地有不同的具体规定，一般每个村均设立治安保卫委员会，其职责一般包括以下几个方面：(1)日常治安巡查。按照网格、片区组建成立治保小组，指导开展各项矛盾纠纷排查化解、道路交通安全管理、隐患排查等工作。协助派出所做好治安防范，重点部位保卫等安全工作，维护辖区治安秩序。发现问题及时上报，并协助派出所做好工作。(2)法治宣传教育。依托法治乡村建设法治家园，宣传习近平法治思想、总体国家安全观以及国家法律法规，传承弘扬隆礼重法等中华优秀传统法律文化、治理文化,推进法治宣传教育有机融入村规民约、行业规约、家风家教,示范带动群众共同维护公序良俗、和谐稳定。(3)协同应急处置。组织群众落实好防盗、防火、防骗、防毒、防矛盾纠纷和其他治安违法事件的防范工作。劝导和制止治安违法行为,揭发检举违法犯罪行为,发现违法行为及时向派出所报告。保护案发现场,协助派出所侦破案件。第一时间协助有关部门依法处置各类治安案件、涉嫌刑事犯罪案件等,第一时间依法管控自然灾害、安全生产等突发事件的社会治安稳定工作。(4)人员帮扶和关爱。加强对社区矫正对象、吸毒人员、严重精神障碍患者等重点群体服务管理,落实教育、管理等综合干预措施和困难救助、促进就业等帮扶措施。关爱帮扶辖区孤寡空巢老人、困境留守儿童、生活不能自理的重病患者、重度残疾人等群体,对可能发生的危险监测预警,帮助协调有关部门、单位和个人,对符合政策或条件人员落实赡养、扶养、收养、抚养、救治措施。(5)矛盾纠纷调处。协同人民调解委员会及时、就地调处化解矛盾,防止矛盾激化。调理疏导纠纷心结,推动实现矛盾纠纷不出村。

05 治安管理处罚与刑事处罚有什么不同?

治安管理处罚是公安机关依照《治安管理处罚法》的规定,对违反治安管理的行为所给予的行政制裁,治安管理处罚在性质上属于行政处罚。刑罚是刑事法律中规定的对构成犯罪的人采取的刑事处罚措施,由法院依法进行审判。两者在性质上有着本质的差别。

1. 两者针对的行为性质不一样。刑事处罚针对的是犯罪行为,而治安处罚针对的是违法行为。对于依照《刑法》的规定构成犯罪,并要依法追究刑事责任的,适用《刑法》;对尚不够刑事处罚的,则由公安机关依照《治安管理处罚法》给予治安管理处罚。

2. 两者采取的措施不一样。刑事处罚包括管制、拘役、徒刑、死刑等种类,对人身自由的限制和剥夺更为严重。而治安处罚主要包括警告、罚款、行政拘留等较轻的限制种类。

3. 两者的执法主体不一样。《刑法》的执法主体包括公安机关、检察机关和人民法院等，《治安管理处罚法》的执法主体则主要是公安机关，本质上属于行政法的范畴。

以实践中遇到比较多的“盗窃”为例，如果只是少量、偶发，不属于盗窃刑事犯罪，属于违反治安管理行为的，就按《治安管理处罚法》进行治安处罚。如果盗窃公私财物，数额较大的，或者多次盗窃、入户盗窃、携带凶器盗窃、扒窃的，则会涉及刑事犯罪，则须按照《刑法》追究刑事责任。

所以说，违反治安管理规定的行为虽然也具有一定的社会危害性，但尚未达到犯罪的严重程度，违法行为人尚无须接受刑事处罚，而由公安机关依据有关治安管理处罚的法律规定予以处罚即可。

06 治安案件的管辖是如何设置的？

就地域而言，治安案件由违反治安管理行为发生地的公安机关管辖，例如，农村的治安案件一般由其所在乡镇派出所管辖。由违法行为人居住地公安机关管辖更为适宜的，可以由违法行为人居住地公安机关管辖，但是涉及卖淫、嫖娼，引诱、容留、介绍卖淫，赌博的案件除外，这些案件一般在哪儿发生就由哪个地方的公安机关管辖。

如果几个公安机关都有权管辖的行政案件，由最初受理的公安机关管辖。必要时，可以由主要违法行为地公安机关管辖。对管辖权发生争议的，报请共同的上级公安机关指定管辖。对于重大、复杂的案件，上级公安机关可以直接办理或者指定管辖。

在一般的管辖原则外，对一些特殊领域的治安案件，管辖有特别的规定，主要包括以下几种：

(1)铁路公安机关管辖列车上，火车站工作区域内，铁路系统的机关、厂、段、所、队等单位内发生的行政案件，以及在铁路线上放置障碍物或者损毁、移动铁路设施等可能影响铁路运输安全、盗窃铁路设施的行政案件。对倒卖、伪造、变造火车票案件，由最初受理的铁路或者地方公安机关管辖。必要时，可以移送主要违法行为发生地的铁路或者地方公安机关管辖。

（2）交通公安机关管辖港航管理机构管理的轮船上、港口、码头工作区域内和港航系统的机关、厂、所、队等单位内发生的行政案件。

（3）民航公安机关管辖民航管理机构管理的机场工作区域以及民航系统的机关、厂、所、队等单位内和民航飞机上发生的行政案件。

（4）国有林区的森林公安机关管辖林区内发生的行政案件。

（5）海关缉私机构管辖阻碍海关缉私警察依法执行职务的治安案件。

（6）针对或者利用网络实施的违法行为，用于实施违法行为的网站服务器所在地、网络接入地以及网站建立者或者管理者所在地，被侵害的网络及其运营者所在地，违法过程中违法行为人、被侵害人使用的网络及其运营者所在地，被侵害人被侵害时所在地，以及被侵害人财产遭受损失地公安机关可以管辖。

治安管理处罚由县级以上地方人民政府公安机关或者公安分局决定；其中警告、1000 元以下的罚款可以由公安派出所决定。

其中对县级以上的各级人民代表大会代表予以行政拘留的，作出处罚决定前应当经该级人民代表大会主席团或者人民代表大会常务委员会许可。

07 治安管理处罚的类型有哪几种?

《治安管理处罚法》中规定了四种处罚类型,即警告、罚款、行政拘留、吊销公安机关发放的许可证件。对违反治安管理的外国人,还可以附加适用限期出境或者驱逐出境。

警告是一种精神罚,警告的处罚由县级以上公安机关决定,也可以由公安派出所决定。

罚款是对违反治安管理行为人处以支付一定金钱义务的处罚,一般由县级以上公安机关决定,对于1000元以下的罚款,可以由公安派出所决定。

行政拘留是短期内剥夺违反治安管理行为人人身自由的一种处罚,分为5日以下、5日以上10日以下、10日以上15日以下三个档次,拘留处罚只能由县级以上公安机关决定,也就是说,派出所是不能直接作出拘留的决定的。

吊销公安机关发放的许可证件是剥夺违反治安管理行

为人已经取得的行政许可证件,其处罚应当由县级以上公安机关决定。此种处罚只能吊销公安机关发放的许可证件,不能吊销其他机关颁发的许可证照。

08 违反治安管理行为的追究时效是多久？如何计算？

治安处罚的时效是指在一定时间内，公安机关有权对违反《治安管理处罚法》的人根据规定进行相应的处罚，逾期不予追究。也就是说，如果违反治安管理行为在6个月以内没有被公安机关发现，不再处罚，即追究时效为6个月。

追究时效从违反治安管理行为发生之日起计算；违反治安管理行为有连续或者继续状态的，从行为终了之日起计算。如本法第84条中规定的“非法持有少量毒品”的行为，持有就是一种持续行为，当毒品在一定时间内由行为人支配时，就构成持有，至于时间的长短，则并不影响持有的成立。这种持有的状态可能持续过很长一段时间，计算追究时效的话从持有行为结束时起算。

09 什么是制止行为？制止行为明显超过必要限度需要承担什么责任？

正当防卫制度（又称自我防卫，简称自卫），在我国《刑法》《民法典》中均有规定，是国家为保护公民的合法权益而设计的一项制度。2025年《治安管理处罚法》修订后对“制止行为”进行了规定，这一规定可以说是治安管理中的“正当防卫制度”。其与紧急避难、自助行为皆为权利的自力救济方式。

《治安管理处罚法》第19条规定，为了免受正在进行的不法侵害而采取的制止行为，造成损害的，不属于违反治安管理行为，不受处罚；制止行为明显超过必要限度，造成较大损害的，依法给予处罚，但是应当减轻处罚；情节较轻的，不予处罚。

判断是否构成制止行为，可从以下五个方面着手：

(1)起因条件:侵害现实存在,即必须是具有客观存在的不法侵害,不能是当事人误以为存在不法侵害。

(2)时间条件:侵害正在进行,对合法权益造成威胁性和紧迫性。不法侵害的开始时间,一般认为以不法侵害人着手实施侵害行为时开始,但是在不法侵害的现实威胁已经十分明显紧迫且若待其实施后将造成不可弥补的后果时,可以认为侵害行为已经开始。

(3)主观条件:当事人应是认识到不法侵害正在进行,出于保护合法权益而采取制止行为的。

(4)对象条件:制止行为必须是针对侵害人本人的。

(5)限度条件:没有明显超过必要限度。制止行为应在必要合理的限度内进行,否则就构成行为过当;若造成较大损害,依法给予处罚。

10 什么是紧急避险？实施紧急避险必须符合哪些条件？

紧急避险，是指为了国家、公共利益，本人或者他人的人身、财产和其他权利免受正发生的危险，不得已而采取的损害另一较小合法权益的行为，其同样是一种权利的自力救济方式。

如何判断一种行为是否属于紧急避险？可以从以下几个方面来具体判断：

(1)避险意图。避险意图是紧急避险构成的主观条件，指行为人实行紧急避险的目的在于使国家、公共利益，本人或者他人的人身、财产和其他权利免受正在发生的危险。也就是说，行为人实行紧急避险，必须是为了保护合法利益。

(2)避险起因。避险起因是指只有存在对国家、公共利益，本人或者他人的人身、财产和其他权利的危险，才能实行紧急避险。危险首先是人的行为，而且必须是危害社会的违法行为。前面已经提过，对于合法行为，不能实行紧急避险。其次是自然灾害，如火灾、洪水、狂风、大浪、山崩、地震等。最后是动物的侵袭，如牛马践踏、猛兽追扑等。如果实际并不存在危险，由于对事实的认识错误，行为人善意地误认为存在这种危险，因而实行了所谓紧急避险，在刑法理论上称为假想避险。假想避险的责任，适用对事实认识错误的解决原则。

(3)避险客体。紧急避险是采取损害一种合法权益的方法保全另一种合法权益，所损害的客体是第三者的合法权益。损害的对象不同，是紧急避险与正当防卫的重要区别之一。

(4)避险时间。紧急避险的时间条件，是指正在发生的危险必须是迫在眉睫，对国家、公共利益和其他合法权利已直接构成了威胁。对于尚未到来或已经过去的危险，都不能实行紧急避险；否则，就是避险不适时。

(5)避险可行性。紧急避险的可行性条件，是指只有在不得已即没有其他方法可以避免危险时，才允许实行紧急避险。这也是紧急避险和正当防卫的重要区别之一。只有当紧急避险成为唯一可以免遭危险的方法时,才允许实行。《刑法》第21条第3款规定,关于避免本人危险的规定,不适用于职务上、业务上负有特定责任的人。这是因为在发生紧急危险的情况下,这些负有特定责任的人应积极参加抢险救灾,履行其特定义务,而不允许他们以紧急避险为由临阵脱逃,玩忽职守。

(6)避险限度。紧急避险的限度条件,是指紧急避险行为不能超过其必要限度,造成不应有的损害。限度衡量的标准是:紧急避险行为所引起的损害应小于所避免的损害。紧急避险行为所引起的损害之所以应小于所避免的损害,就在于紧急避险所保护的权益同避险所损害的第三者的权益,两者都是法律所保护的。只有在“两利保其大,两弊取其小”的场合,紧急避险才是对社会有利的合法行为。所以,紧急避险所保全的权益,必须明显大于紧急避险所损害的权益。

二

日常治安管理

11 醉酒时违反《治安管理处罚法》应受到怎样的处罚?

醉酒不能作为免责的理由。按照《治安管理处罚法》第15条的规定,醉酒的人违反治安管理的,应当给予处罚。所以如果想以醉酒为借口,避过治安管理处罚是不可行的。醉酒的人在醉酒状态中,对本人有危险或者对他人的人身、财产或者公共安全有威胁的,应当对其采取保护性措施约束至酒醒。

醉酒主要包括生理性醉酒和病理性醉酒。病理性醉酒属于精神病的范畴,一般不常见,可能会不予处罚。生活中常见的"醉酒"指的是生理性醉酒,即普通醉酒。生理醉酒人实施违反治安管理的行为应当负责任,主要根据在于:(1)医学证明生理醉酒人的辨认和控制能力只是有所减弱,但并未完全丧失,不属于无责任能力人;(2)生理醉酒人在醉酒前对自己醉酒后可能实施违反治安管理的行为应当预见到,甚至已有所预见,在醉酒状态下实施危害行为时具备故意的条件;(3)醉酒完全是人为的,是可以戒除的。

12 公安机关办理治安案件查获的违禁品、违法行为人本人的工具应如何处理?

公安机关在办理治安案件中查获的毒品、淫秽物品等违禁品,赌具和赌资,吸食、注射毒品的用具,伪造、变造的公文、证件、证明文件、票证、印章等,倒卖的有价票证,主要用于实施违法行为的本人所有的工具(如果有案外人主张工具是属于他合法所有的,需要有证据证明,否则直接认定为违法行为人本人所有)以及直接用于实施毒品违法行为的资金,会被依法予以收缴。一般情况下收缴的决定由县级以上公安机关作出。但是,违禁品,管制器具,吸食、注射毒品的用具以及非法财物价值在500元以下且当事人对财物价值无异议的,公安派出所可以收缴。

对于违反治安管理所得的财物,应当依法予以追缴或者没收。多名违法行为人共同实施违法行为,违法所得或者非法财物无法分清所有人的,作为共同违法所得或者非法财物予以处理。追缴由县级以上公安机关决定。但是,追缴违法所得的财物应当退还被侵害人的,公安派出所可以追缴。

公安机关对收缴和追缴的财物,经原决定机关负责人批准,会按照规定分别处理:(1)属于被侵害人或者善意第三人的合法财物,应当及时返还;(2)没有被侵害人的,登记造册,按照规定上缴国库或者依法变卖或者拍卖后,将所得款项上缴国库;(3)违禁品、没有价值的物品,或者价值轻微,无法变卖或者拍卖的物品,统一登记造册后予以销毁;(4)对无法变卖或者拍卖的危险物品,由县级以上公安机关主管部门组织销毁或者交有关厂家回收。

对应当退还原主的财物,公安机关会通知原主在6个月内来领取;原主不明确的,会采取公告方式告知原主认领。在通知原主或者公告后6个月内,无人认领的,按无主财物处理,登记后上缴国库,或者依法变卖或者拍卖后,将所得款项上缴国库。遇有特殊情况的,可酌情延期处理,延长期限最长不超过3个月。

13 随身携带匕首等管制器具违法吗？

对于枪支的管理，我国有专门的《枪支管理法》，只有特定人员才可以配备、配置枪支。管制刀具，是指匕首、三棱刀、弹簧刀（跳刀）及其他相类似的单刃、双刃、三棱尖刀。根据《公安部对部分刀具实行管制的暂行规定》第 2 条至第 7 条的规定，管制刀具的佩带范围和生产、购销也均需履行法定手续。

因此，非法携带枪支、弹药或者弩、匕首等国家规定的管制器具属于违法行为，根据《治安管理处罚法》第 38 条的规定，会被处 5 日以下拘留，可以并处 1000 元以下罚款；情节较轻的，处警告或者 500 元以下罚款。如果是非法携带这些器具进入公共场所或者公共交通工具将加重处罚，处 5 日以上 10 日以下拘留，可以并处 1000 元以下罚款。

14 殴打或者故意伤害他人行为如何处罚?

殴打他人或者故意伤害他人身体的,根据产生的后果不同将面临不同的处罚。接到伤害案件报警后,接警部门应当根据案情,组织警力,立即赶赴现场。被害人伤情构成轻伤、重伤或者死亡,需要追究犯罪嫌疑人刑事责任的,依照《刑事诉讼法》的有关规定办理;对故意伤害他人致轻伤,情节显著轻微、危害不大,不认为是犯罪的,以及被害人伤情达不到轻伤的,应当依法予以治安管理处罚。

根据《治安管理处罚法》第 51 条的规定,殴打他人的,或者故意伤害他人身体的,处 5 日以上 10 日以下拘留,并处 500 元以上 1000 元以下罚款;情节较轻的,处 5 日以下拘留或者 1000 元以下罚款。有结伙殴打、伤害他人,殴打、伤害残疾人、孕妇、不满 14 周岁的人或者 70 周岁以上的人,多次殴打、伤害他人或者一次殴打、伤害多人的情形的,处 10 日以上 15 日以下拘留,并处 1000 元以上 2000 元以下罚款。

其中殴打、伤害残、孕、老、幼的，不要求行为人主观上必须明知殴打、伤害的对象为残疾人、孕妇、不满14周岁的人或者70周岁以上的人。“结伙”是指2人(含2人)以上；“多次”是指3次(含3次)以上；“多人”是指3人(含3人)以上。

15 遭他人殴打致伤，公安机关对侵害人实施治安处罚后，受害人还能向侵害人主张赔偿吗?

依照法律规定,违反治安管理的行为对他人造成损害的,行为人或者其监护人应当依法承担民事责任。当事人可以依法向人民法院提起民事诉讼。所以虽然侵害实施者已经接受了公安机关的处罚,受害一方仍有权追究他的民事责任,让他赔偿。

赔偿的损失费或者负担的医疗费用是指由违反治安管理的行为造成的直接的经济损失,包括因伤害造成误工的工资和奖金、损失的物品、治伤的医疗费、因伤害看病所乘合理的交通工具费以及公安机关认为应当赔偿的其他损失、费用,医疗费用以公安机关认可的医院所开具的收据为准(急诊除外)。被侵害人是城镇个体经营者、农民和其他无固定工资收入的人员,需要赔偿其误工收入的,以行为人所在县(市)区上年度人均收入为标准按时计算。

16 寻衅滋事行为如何处罚?

寻衅滋事是指结伙斗殴或者随意殴打他人,追逐、拦截他人,强拿硬要或者任意损毁、占用公私财物以及其他无故侵扰他人、扰乱社会秩序的行为。

根据《治安管理处罚法》第30条的规定,对寻衅滋事的行为,一般处5日以上10日以下拘留或并处1000元以下罚款;情节较重的,处10日以上15日以下拘留,可以并处2000元以下罚款。

如果寻衅滋事行为产生了比较严重的后果,破坏了社会秩序,还可能会涉嫌犯罪。根据《刑法》第293条的规定,可能会被追究刑事责任主要包含以下几种情形:(1)随意殴打他人,情节恶劣的;(2)追逐、拦截、辱骂、恐吓他人,情节恶劣的;(3)强拿硬要或者任意损毁、占用公私财物,情节严重的;(4)在公共场所起哄闹事,造成公共场所秩序严重混乱的。

17 侮辱诽谤应受到怎样的处罚？

根据《治安管理处罚法》第50条的规定，公然侮辱他人或者捏造事实诽谤他人的，处5日以下拘留或者1000元以下罚款；情节较重的，处5日以上10日以下拘留，可以并处1000元以下罚款。

“侮辱”是指公然诋毁他人人格，破坏他人名誉的行为，既可以是暴力形式如吐口水、公开场合推搡殴打等，也可以是非暴力形式如公开嘲讽他人身体缺陷、书写张贴丑化他人形象的传单、漫画等。侮辱他人应当“公然”进行，即当众或者利用能够使多人听到或看到的方式，对他人进行侮辱。侮辱他人的行为必须明确地针对某特定对象实施，如果不是针对特定的人，而是一般的谩骂等，不属于违反治安管理行为。而被侮辱者是否在场，并不影响该行为成立。

“诽谤”要求行为人必须：(1)主观上是故意。(2)捏造事实，即虚假内容。如果散布的是客观事实，则虽可能同样造成他人声誉减损的后果,但构成的是名誉侵权而非诽谤。(3)捏造事实必须散布。如果只是私下里谈论捏造的事实,则不属于诽谤行为。(4)诽谤必须针对特定对象进行,但不一定要指名道姓,只要从诽谤的内容上知道是谁或者可以推断出或者明显地影射特定的人,就可以构成诽谤行为,如果行为人散布的事实没有特定的对象,不可能贬损某人人格、名誉,则不能以诽谤论处。

18 从楼房抛掷物品没有砸到人，是否会受到处罚？

高空抛物现象虽然被称为“悬在城市上空的痛”，但近年来，随着农村生活环境的改善和新农村建设的不断推进，无论是村民自建楼房还是统一搬迁的安置楼房都逐渐增多，相应的高空抛物现象也时有发生。

高空抛物现象会带来很大的社会危害。近年来，多起高空抛物致人损伤事件经媒体报道后引起社会广泛关注。2019 年 11 月，最高人民法院印发《关于依法妥善审理高空抛物、坠物案件的意见》，明确对于故意高空抛物者，根据具体情形按照以危险方法危害公共安全罪、故意伤害罪或故意杀人罪论处，同时明确物业服务企业责任。这是对高空抛物产生严重后果的行为的惩处；没有产生严重后果的，依然会受到治安管理处罚。2025 年《治安管理处罚法》修订后的第43条对此进行了明确规定。根据该条规定,从建筑物或者其他高空抛掷物品,有危害他人人身安全、公私财产安全或者公共安全危险的,处5日以下拘留或者1000元以下罚款;情节严重的,处10日以上15日以下拘留,可以并处1000元以下罚款。这一规定,明确了从建筑物或者其他高空抛掷物品,不需要造成现实的危害后果,只要有危害他人人身安全、公私财产安全或者公共安全危险,即可成立该行为。如果是砸中了人,则需要根据产生的相应后果承担民事赔偿甚至是刑事责任。

19 非法侵入村民住宅应受到怎样的处罚?

“非法侵入他人住宅”,是指未经住宅主人同意,非法强行闯入他人住宅,或者无正当理由进入他人住宅,经住宅主人要求其退出仍拒不退出等行为。但为依法执行搜查、逮捕、拘留等任务,或者依法进行搜查、检查而进入他人住宅的,则不构成非法侵入他人住宅。此外,需要注意的是,虽然一开始是经主人同意进入的,但当主人要求其退出时拒不退出的,也属于非法侵入他人住宅的行为。非法侵入他人住宅,有侮辱、谩骂、围攻、轻微损毁财物、殴打行为的一般属于情节比较严重的违法行为。

根据《治安管理处罚法》第 47 条的规定,非法侵入他人住宅,处 10 日以上 15 日以下拘留,并处 1000 元以上 2000 元以下罚款;情节较轻的,处 5 日以上 10 日以下拘留,并处 1000 元以下罚款。

20 私拆他人信件违法吗?

随着网络购物的发展和物流体系的完善,农村地区的信件量也大幅增长。然而,大部分农村地区因为地域广阔,很难都做到信件的送货上门,多是在乡镇上或者村中设置了集中收取点,这也在一定程度上加剧了隐匿、毁弃或者非法开拆他人信件风险的发生。

个人信件属于个人的隐私和财产,隐匿、毁弃或者非法开拆他人信件既涉及侵犯公民的通信自由权利,也侵犯了个人的合法财产。根据《治安管理处罚法》第 57 条的规定,冒领、隐匿、毁弃、倒卖、私自开拆或者非法检查他人邮件、快件的,处警告或者 1000 元以下罚款;情节较重的,处 5 日以上 10 日以下拘留。

21 随意安装电网违法吗?

在农村生活中,有些人会在鱼塘或者其他一些重要的场地安装使用电网以保护自己的财产,这虽然可以起到一定的保护作用,但因为电网也容易给他人甚至一些动物带来一些危险,所以电网的安装使用必须要得到有关部门的批准。

确因安全保卫工作的特殊要求,需安装使用电网的单位,必须经所在地公安机关审核批准,向供电部门申请安装。禁止个人安装使用电网。也就是说,原则上村民个人无论出于何种原因都是不能安装使用电网的。对于专业合作社、农家乐等确因安全保卫工作的特殊要求,需安装使用电网的单位,则必须经所在地公安机关审核批准,向供电部门申请安装。

经批准安装电网的单位,必须严格按批准的范围安装电网。电网安装完毕,须经原批准的公安机关安全检查合格后,方准使用。电网安装使用后需要扩充、缩减、改装或拆除的,须报请原批准机关批准。在使用过程中还需遵守安全管理规定,做好安全防范措施。根据《治安管理处罚法》第 43 条的规定,未经批准,安装、使用电网的,或者安装、使用电网不符合安全规定的,处 5 日以下拘留或者 1000 元以下罚款;情节严重的,处 10 日以上 15 日以下拘留,可以并处 1000 元以下罚款。

22 偷窃电线电缆或通讯设备行为如何处罚？

农村地缘广阔，国家为了保障和完善广大农村地区的生活需求、生活条件，修建和铺设了非常多的电线电缆或通讯设备。近年来，由于设备更新或者线路调整，部分设备设施可能存在不再使用的情况，但无论这些电线电缆或通讯设备是否在使用，其都属于公共财产，任何个人不得偷窃据为己有。

根据《治安管理处罚法》第39条的规定，盗窃、损毁油气管道设施、电力电信设施、广播电视设施、水利工程设施、公共供水设施、公路及附属设施或者水文监测、测量、气象测报、生态环境监测、地质监测、地震监测等公共设施，危及公共安全的，处10日以上15日以下拘留；情节较轻的，处5日以下拘留。

23 可以携带烟花爆竹乘坐公交车吗？

逢年过节或是遇到重要的大事，燃放烟花爆竹是农村地区广泛存在的传统，然而我们需要注意烟花爆竹的合法、安全运输。《烟花爆竹安全管理条例》第 27 条规定，禁止携带烟花爆竹搭乘公共交通工具。禁止邮寄烟花爆竹，禁止在托运的行李、包裹、邮件中夹带烟花爆竹。第 41 条规定，对携带烟花爆竹搭乘公共交通工具，或者邮寄烟花爆竹以及在托运的行李、包裹、邮件中夹带烟花爆竹的，由公安部门没收非法携带、邮寄、夹带的烟花爆竹，可以并处 200 元以上 1000 元以下罚款。

24 在打谷场上抽烟引起火灾应受到怎样的处罚？

打谷场堆放了很多秸秆等易燃物品，在打谷场上抽烟引发火灾，没有产生严重后果的，可以不作为失火罪。但根据《消防法》第64条的规定，过失引起火灾尚不构成犯罪的，处10日以上15日以下拘留，可以并处500元以下罚款；情节较轻的，处警告或者500元以下罚款。

25 宠物惹祸主人要受罚吗？

为看家护院或者作为日常陪伴，很多村民家里都会养猫、狗等宠物，但一定要注意对宠物的管理，不能让宠物滋扰他人，如惊吓路人等。根据《治安管理处罚法》第 89 条的规定，行为人饲养动物影响他人正常生活的，一般会被处以警告的处罚。如果警告后不改正的，或者放任动物恐吓他人的，可以处 1000 元以下罚款。此外，驱使动物伤害他人的，属于故意伤害他人身体，造成他人损伤的不仅应赔付相关的费用，还会被处 5 日以上 10 日以下拘留，并处 500 元以上 1000 元以下罚款的处罚；情节较轻的，可以只处 5 日以下拘留或者 1000 元以下罚款。

26 田间地头出现的野生动物可以随便捕猎吗？

随着农村生态环境的改善，各种野生动物也常出现在田间地头，如丹顶鹤、野鸡、野猪等，有些地方就陆续地出现了吃“野货”等不文明甚至是违法行为。野生动物是受国家保护的，根据《刑法》第 341 条的规定，非法猎捕、杀害国家重点保护的珍贵、濒危野生动物的，或者非法收购、运输、出售国家重点保护的珍贵、濒危野生动物及其制品的，是犯罪行为，会被处 5 年以下有期徒刑或者拘役，并处罚金；情节严重的，处 5 年以上 10 年以下有期徒刑，并处罚金；情节特别严重的，处 10 年以上有期徒刑，并处罚金或者没收财产。即便不属于上述的国家重点保护动物，如果是违反野生动物保护管理法规，以食用为目的非法猎捕、收购、运输、出售在野外环境自然生长繁殖的其他陆生野生动物，情节严重的，也可能会被认定为犯罪行为。

27 家门口的树木可以随便砍伐吗?

农村居民采伐自留地和房屋前后个人所有的零星树木,法律并未要求申请采伐许可证。但这并不意味着可以无限制地砍伐,仍需遵循合理、适度的原则,不得破坏生态环境。根据《森林法》第 56 条、第 57 条的规定,农村居民采伐自留地和房前屋后个人所有的零星林木,不需要申请采伐许可证。非林地上的农田防护林、防风固沙林、护路林、护岸护堤林和城镇林木等的更新采伐,由有关主管部门按照有关规定管理。农村居民采伐自留山和个人承包集体林地上的林木,由县级人民政府林业主管部门或者其委托的乡镇人民政府核发采伐许可证。

需要特别注意的是,农村有些地方的树木可能属于比较名贵或者存活时间比较久的树木,如果可以被认定为珍贵树木或者国家重点保护的其他植物的,则不能砍伐。根据《刑法》第 344 条的规定,违反国家规定,非法采伐、毁坏珍贵树木或者国家重点保护的其他植物的,或者非法收购、运输、加工、出售珍贵树木或者国家重点保护的其他植物及其制品的,处3年以下有期徒刑、拘役或者管制,并处罚金;情节严重的,处3年以上7年以下有期徒刑,并处罚金。

28 在农村能随便放飞无人机吗?

即便在农村地区,无人机也不可以随便放飞,其飞行行为受到相关法律法规的约束。根据《无人驾驶航空器飞行管理暂行条例》的规定,无人驾驶航空器是指没有机载驾驶员、自备动力系统的航空器,分为微型、轻型、小型、中型和大型(以下简称无人机)。所有的无人机所有者必须依法进行实名登记,违反《无人驾驶航空器飞行管理暂行条例》规定,未经实名登记实施飞行活动或未经批准在管制空域内飞行,公安机关可分别处 200 元、500 元以下的罚款。无民事行为能力人、限制民事行为能力人操控无人机飞行的,由公安机关对其监护人处 500 元以上 5000 元以下的罚款。情节严重的,没收实施违规飞行的无人机,并处以更高金额罚款。

2025 年《治安管理处罚法》也新增了对违反无人驾驶航空器飞行管理行为的处罚,其第 46 条规定,违反有关规定,飞行民用无人驾驶航空器、航空运动器材，或者升放无人驾驶自由气球、系留气球等升空物体，情节较重的，处5日以上10日以下拘留。有些农村靠近国(边)境地区，如果飞行、升放前述规定的物体非法穿越国(边)境的，会面临更严重的处罚，会被处10日以上15日以下拘留。

29 农村集镇居民招“黑房客”违法吗?

根据《治安管理处罚法》第68条的规定,将房屋出租给身份不明、拒绝登记身份信息的承租人,或者不按规定登记承租人姓名、有效身份证件种类和号码的,处500元以上1000元以下罚款;情节较轻的,处警告或者500元以下罚款。房屋出租人明知承租人利用出租房屋实施犯罪活动或者违反治安管理行为,不向公安机关报告的,处1000元以上3000元以下罚款;情节严重的,处5日以下拘留,可以并处3000元以上5000元以下罚款。

30 经营农家乐的是否需要对住宿客人进行登记？

经营农家乐提供餐饮或住宿服务，需要按照有关规定取得许可。具备住宿功能的农家乐按照旅馆业的有关规定管理，所以住宿农家乐也需要进行个人信息登记。根据《治安管理处罚法》和《旅馆业治安管理办法》，旅馆业的工作人员接待住宿的旅客必须登记。

根据《治安管理处罚法》第 67 条的规定，不按规定登记姓名、有效身份证件种类和号码，或者为身份不明、拒绝登记身份信息人员提供住宿服务的，对其直接负责的主管人员或其他责任人员处 500 元以上 1000 元以下罚款，情节较轻的，处警告或者 500 元以下罚款。旅馆业的工作人员明知住宿的旅客是犯罪嫌疑人员或者被公安机关通缉的人员，不向公安机关报告的，对其直接负责的主管人员或其他责任人员处1000元以上3000元以下罚款;情节严重的,处5日以下拘留,可以并处3000元以上5000元以下罚款。

31 非法制卖、运输、邮寄危险物质的如何处理?

根据《治安管理处罚法》第 36 条的规定,违反国家规定,制造、买卖、储存、运输、邮寄、携带、使用、提供、处置危险物质的,会被处以 10 日以上 15 日以下拘留;情节较轻的,处 5 日以上 10 日以下拘留。

这里的“危险物质”,主要是指具有爆炸性、毒害性、放射性、腐蚀性的物质或者传染病病原体等物质。对于储藏或使用这些危险物质,国家制定了有关法律法规,涉及民用爆炸物品安全管理、高压气体管理、防止大气污染、防止水质污染、防止海洋污染、下水道管理、关于废弃物的处理及清扫以及劳动安全卫生、农药管理、药物管理、食品安全管理等各个方面。所以在处理危险物质时应当谨慎,遵守相关的规定。

32 乞讨也要守规矩吗?

乞讨人员也要遵守秩序,否则会受到治安管理处罚。根据《治安管理处罚法》第49条的规定,如果胁迫、诱骗或者利用他人乞讨的,处10日以上15日以下拘留,可以并处2000元以下罚款。反复纠缠、强行讨要或者以其他滋扰他人的方式乞讨的,处5日以下拘留或者警告。村民如果在街上再次遇到强行乞讨或强行卖花行为的,可以选择立即报警。

33 在市场上横行霸道，强买强卖商品的，如何处罚？

强买强卖明显破坏了自由、平等的社会主义市场经济秩序。对于这样的违法行为，要严厉制裁，以保证市场经济能够健康、平稳地向前发展。《治安管理处罚法》第54条规定，强买强卖商品，强迫他人提供服务或者强迫他人接受服务的，处5日以上10日以下拘留，并处3000元以上5000元以下罚款；情节较轻的，处5日以下拘留或者1000元以下罚款。

34 违反国家有关规定,向他人出售或者提供个人信息会受到什么处罚?

“公民个人信息”是指以电子或者其他方式记录的能够单独或者与其他信息结合识别特定自然人身份或者反映特定自然人活动情况的各种信息,包括姓名、身份证件号码、通信联系方式、住址、账号密码、财产状况、行踪轨迹等。根据《个人信息保护法》第10条的规定,任何组织、个人不得非法收集、使用、加工、传输他人个人信息,不得非法买卖、提供或者公开他人个人信息;不得从事危害国家安全、公共利益的个人信息处理活动。

2025年《治安管理处罚法》修订后新增了对侵犯公民个人信息行为的处罚,其第56条规定,违反国家有关规定,向他人出售或者提供个人信息的,处10日以上15日以下拘留;情节较轻的,处5日以下拘留。窃取或者以其他方法非法获取个人信息的,依照上述的规定处罚。

三

反诈骗、反赌博、反邪教

35 冒充他人身份招摇撞骗行为如何处罚？

生活中，有人冒充高干子弟、领导司机等身份，说自己“能帮忙办事”，招摇撞骗。这构成了违反治安管理的行为。如果严重还可能构成诈骗罪。

冒充他人身份进行招摇撞骗的，根据冒充的人员身份不同，处罚也不一样。根据《治安管理处罚法》第 62 条的规定，冒充一般人员，即利用虚假身份进行招摇撞骗的，处 5 日以下拘留或者 1000 元以下罚款；情节较重的，处 5 日以上 10 日以下拘留，可以并处 1000 元以下罚款。但如果是冒充国家机关工作人员招摇撞骗的，处 10 日以上 15 日以下拘留，可以并处 1000 元以下罚款；情节较轻的，处 5 日以上 10 日以下拘留。此外，如果是冒充军警人员招摇撞骗的，将会被从重处罚。

36 将身份证出借或者出租给他人使用会受到什么处罚?

身份证是证明个人身份、行踪和法定权利的重要证件,是公民参与社会、行使各项权利的必要条件之一,应该妥善保管,不能随便出借甚至是出售给他人。根据《居民身份证法》第16条和第17条的规定,出租、出借、转让居民身份证的,由公安机关给予警告,并处200元以下罚款,有违法所得的,没收违法所得;购买、出售、使用伪造、变造的居民身份证的,由公安机关处200元以上1000元以下罚款,或者处10日以下拘留,有违法所得的,没收违法所得。

37 参与电信诈骗会受到怎样的处罚?

互联网在给人民群众的生活学习带来极大便利的同时,也被不法分子所觊觎,其利用各类电信网络诈骗伎俩侵害人民群众的合法权益,令人防不胜防,在广大农村地区由于村民的法律意识和防范意识相对淡薄,容易落入电信诈骗的圈套或者在不知情中成为电信诈骗的帮凶,将自己的身份证、银行卡、手机卡等出借或者出租、出售给电信诈骗者使用,以邮寄、散发实物、传单、卡片等方式帮助电信诈骗者引流都涉及参与或者为电信网络诈骗活动提供帮助。

根据《反电信网络诈骗法》第 38 条的规定,组织、策划、实施、参与电信网络诈骗活动或者为电信网络诈骗活动提供帮助,构成犯罪的,依法追究刑事责任;尚不构成犯罪的,由公安机关处 10 日以上 15 日以下拘留,没收违法所得,处违法所得 1 倍以上 10 倍以下罚款,没有违法所得或者违法所得不足 1 万元的,处 10 万元以下罚款。

38 出售、提供个人信息给电信诈骗者的,会受到什么处罚?

根据《反电信网络诈骗法》第 25 条和第 42 条的规定,出售、提供个人信息为他人实施电信网络诈骗活动提供支持或者帮助的,没收违法所得,由公安机关或者有关主管部门处违法所得 1 倍以上 10 倍以下罚款,没有违法所得或者违法所得不足 5 万元的,处 50 万元以下罚款;情节严重的,由公安机关并处 15 日以下拘留。

这里的个人信息包括行踪轨迹信息、通信内容、征信信息、财产信息以及住宿记录、通信记录、健康生理信息、交易信息等其他可能影响人身、财产安全的个人信息。

39 为赌博提供赌具和场地构成违法吗？

“赌博”是指以获取金钱或其他物质利益为目的，以投入一定赌资为条件进行的输赢活动。为赌博提供条件是否构成违法，需要考察其是否以营利为目的，是否出于获取金钱或财物等好处为目的。实践中对于进行带有少量财物输赢的娱乐活动，以及提供棋牌室等娱乐场所只收取正常的服务费用的经营行为和纯粹家庭或亲朋好友之间的娱乐活动等，不应视为赌博行为和为赌博提供条件。

根据《治安管理处罚法》第 82 条的规定，以营利为目的，为赌博提供条件的，或者参与赌博赌资较大的，处5 日以下拘留或者 1000 元以下罚款；情节严重的，处 10 日以上 15 日以下拘留，并处 1000 元以上 5000 元以下罚款。

对于“参与赌博赌资较大”标准如何认定，各地的实践操作会有些差异，要依照各地的规定。例如，山东省公安厅 2025 年修订的《山东省公安机关行政处罚裁量基准》规定，

“参与赌博赌资较大的”是指人均参赌金额在 500 元以上或者当场赌资在 2000 元以上。《湖南省公安行政处罚裁量基准》中则将单注金额 30 元以上不足 50 元,或全场输赢金额 3000 元以上不足 5000 元认定为“参与赌博赌资较大”。

40 在网络上赌博是否违反《治安管理处罚法》?

网络不是法外之地,通过赌博网站或者涉赌 App 参与赌博的只要金额或者其他情形达到处罚标准的,依然会构成违反《治安管理处罚法》的行为,甚至构成违反刑法规定的犯罪行为。

根据《治安管理处罚法》第 82 条的规定,只要是参与赌博赌资较大的就属于违法行为,其并不区分是在线下还是线上。此外,根据《刑法》第 303 条的规定,以营利为目的,聚众赌博或者以赌博为业的,构成赌博罪,处 3 年以下有期徒刑、拘役或者管制,并处罚金。

41 在农村跳大神、搞迷信骗取钱财违法吗?

根据《治安管理处罚法》第 31 条的规定,利用封建迷信或冒用宗教、气功名义进行非法活动的,处 10 日以上 15 日以下拘留,可以并处 2000 元以下罚款;情节较轻的,处 5 日以上 10 日以下拘留,可以并处 1000 元以下罚款。

42 参与邪教会受到什么处罚?

邪教是指冒用宗教、气功或者以其他名义建立,神化、鼓吹首要分子,利用制造、散布迷信邪说等手段蛊惑、蒙骗他人,发展、控制成员,危害社会的非法组织。邪教扰乱社会秩序,危害人民群众生命财产安全和经济发展,必须依法取缔,坚决惩治。

组织、利用邪教组织,破坏国家法律、行政法规实施,具有下列情形之一的,应当依照《刑法》第300条第1款的规定,处3年以上7年以下有期徒刑,并处罚金:(1)建立邪教组织,或者邪教组织被取缔后又恢复、另行建立邪教组织的。(2)聚众包围、冲击、强占、哄闹国家机关、企业事业单位或者公共场所、宗教活动场所,扰乱社会秩序的。(3)非法举行集会、游行、示威,扰乱社会秩序的。(4)使用暴力、胁迫或者以其他方法强迫他人加入或者阻止他人退出邪教组织的。(5)组织、煽动、蒙骗成员或者他人不履行法定义务的。(6)使用“伪基站”“黑广播”等无线电台(站)或者无线电频率宣扬邪教的。(7)曾因从事邪教活动被追究刑事责任或者二年内受过行政处罚,又从事邪教活动的。(8)发展邪教组织成员50人以上的。(9)敛取钱财或者造成经济损失100万元以上的。(10)以货币为载体宣扬邪教,数量在500张(枚)以上的。(11)制作、传播邪教宣传品,达到下列数量标准之一的:①传单、喷图、图片、标语、报纸1000份(张)以上的;②书籍、刊物250册以上的;③录音带、录像带等音像制品250盒(张)以上的;④标识、标志物250件以上的;⑤光盘、U盘、储存卡、移动硬盘等移动存储介质100个以上的;⑥横幅、条幅50条(个)以上的。(12)利用通讯信息网络宣扬邪教,具有下列情形之一的:①制作、传播宣扬邪教的电子图片、文章200张(篇)以上,电子书籍、刊物、音视频50册(个)以上,或者电子文档500万字符以上、电子音视频250分钟以上的;②编发信息、拨打电话1000条(次)以上的;③利用在线人数累计达到1000以上的聊天室,或者利用群组成员、关注人员等账号数累计1000以上的通讯群组、微信、微博等社交网络宣扬邪教的;④邪教信息实际被点击、浏览数达到5000次以上的。(13)其他情节严重的情形。

四

禁止传销、禁止毒品、禁止卖淫嫖娼

43 什么是传销?

传销是指组织者或者经营者发展人员,通过对被发展人员以其直接发展或者间接发展的人员数量或者销售业绩为依据计算和给付报酬,或者要求被发展人员以缴纳一定费用为条件取得加入资格等方式牟取非法利益,扰乱经济秩序,影响社会稳定的行为。实践中,传销活动的名目繁多,但传销的本质特征在于其诈骗性。传销组织通常没有实际经营活动,或者以虚假的经营活动作为幌子,其资金来源在于参加者以各种方式缴纳的用于获取加入资格的费用,传销组织再以这些费用作为其“上层”的回报。

一般来说,具有下列情形之一的,可以认定为传销行为:

(1)组织者或者经营者通过发展人员,要求被发展人员发展其他人员加入,对发展的人员以其直接或者间接滚动发展的人员数量为依据计算和给付报酬(包括物质奖励和

其他经济利益),牟取非法利益的;

(2)组织者或者经营者通过发展人员,要求被发展人员交纳费用或者以认购商品等方式变相交纳费用,取得加入或者发展其他人员加入的资格,牟取非法利益的;

(3)组织者或者经营者通过发展人员,要求被发展人员发展其他人员加入,形成上下线关系,并以下线的销售业绩为依据计算和给付上线报酬,牟取非法利益的。

44 涉及传销行为会被处以怎样的处罚?

近年来传销行为也渗透到广大农村地区,部分村民会在不明真相的情况下卷入其中,甚至可能在其中起到了主要作用。根据《治安管理处罚法》第34条的规定,涉及传销的违法行为一般分为两类:(1)组织、领导传销活动。该行为会被处10日以上15日以下拘留;情节较轻的,处5日以上10日以下拘留。(2)胁迫、诱骗他人参加传销活动。该行为会被处5日以上10日以下拘留;情节较重的,处10日以上15日以下拘留。

除会被治安处罚外,根据《禁止传销条例》第24条的规定,组织策划传销的,由工商行政管理部门没收非法财物,没收违法所得,处50万元以上200万元以下罚款;介绍、诱骗、胁迫他人参加传销的,由工商行政管理部门责令停止违法行为,没收非法财物,没收违法所得,处10万元以上50万元以下罚款;参加传销的,由工商行政管理部门责令停止违法行为,可以处 2000 元以下罚款。

上述行为如果产生严重后果,构成犯罪的,还会被依法追究刑事责任。此外,农村居民还需要注意自己的房屋、库房等被传销组织非法使用,一旦被认定为传销行为提供了经营场所、培训场所、货源、保管、仓储等条件的,也会被没收违法所得,并处 5 万元以上 50 万元以下罚款。

45 可以在自家院里种植罂粟吗?

涉及毒品的违法行为都应予以严厉打击,《刑法》将走私、制造、贩卖、运输、携带、持有、种植毒品等行为规定为犯罪。所以,村民在自家院里种植罂粟属于违法行为。虽然《刑法》第 351 条从数量的角度,将种植罂粟 500 株以上或者其他毒品原植物数量较大的才认定为犯罪行为,但是非法种植罂粟不满 500 株或者其他少量毒品原植物的也属于违法行为,会受到治安管理处罚。根据《治安管理处罚法》第 83 条的规定,非法种植罂粟不满 500 株或者其他少量毒品原植物的,处 10 日以上 15 日以下拘留,可以并处 5000 元以下罚款;情节较轻的,处 5 日以下拘留或者 1000 元以下罚款。

需要提醒大家注意的是,虽然从数量上看种植罂粟 500 株才会被认定为犯罪,但是即便没有达到 500 株,存在经公安机关处理后又种植或是抗拒铲除情形的也会被认定属于犯罪行为,需要受到刑事处罚。法律鼓励民众自觉铲除非法种植罂粟或者其他毒品原植物,在收获前自动铲除的,可以免除刑事处罚。

46 携带、持有少量毒品行为如何处罚？

根据《治安管理处罚法》第83条的规定，非法买卖、运输、携带、持有少量未经灭活的罂粟等毒品原植物种子或者幼苗的，非法运输、买卖、储存、使用少量罂粟壳的，处10日以上15日以下拘留，可以并处5000元以下罚款；情节较轻的，处5日以下拘留或者1000元以下罚款。根据第84条的规定，非法持有鸦片不满200克、海洛因或者甲基苯丙胺不满10克或者其他少量毒品的，处10日以上15日以下拘留，可以并处3000元以下罚款；情节较轻的，处5日以下拘留或者1000元以下罚款。

47 自己吸食或者引诱、教唆、欺骗他人吸食毒品会受到怎样的处罚?

根据《治安管理处罚法》第84条的规定,吸食、注射毒品的或者向他人提供毒品的,处10日以上15日以下拘留,可以并处3000元以下罚款;情节较轻的,处5日以下拘留或者1000元以下罚款。如果是聚众、组织吸食、注射毒品的,对首要分子、组织者从重处罚。对于吸食、注射毒品的人员,可以同时责令其6个月至1年以内不得进入娱乐场所、不得擅自接触涉及毒品违法犯罪人员。违反该规定的,可以处5日以下拘留或者1000元以下罚款。

根据《治安管理处罚法》第85条的规定,引诱、教唆、欺骗或者强迫他人吸食、注射毒品的,处10日以上15日以下拘留,并处1000元以上5000元以下罚款。容留他人吸食、注射毒品或者介绍买卖毒品的,处 10 日以上 15 日以下拘留,可以并处 3000 元以下罚款;情节较轻的,处 5 日以下拘留或者 1000 元以下罚款。

48 卖淫、嫖娼行为如何处罚？

法律禁止卖淫、嫖娼的行为，卖淫、嫖娼是指不特定的异性之间或同性之间以金钱、财物为媒介发生性关系的行为。行为主体之间主观上已经就卖淫嫖娼达成一致，已经谈好价格或者已经给付金钱、财物，并且已经着手实施，但由于其本人主观意志以外的原因，尚未发生性关系的；或者已经发生性关系，但尚未给付金钱、财物的，都可以按卖淫嫖娼行为依法处理。根据《治安管理处罚法》第78条的规定，卖淫、嫖娼的，处10日以上15日以下拘留，可以并处5000元以下罚款；情节较轻的，处5日以下拘留或者1000元以下罚款。在公共场所拉客招嫖的，处5日以下拘留或者1000元以下罚款。

需要注意的是，卖淫嫖娼行为情节严重会被认定为犯罪行为，受到刑事处罚。根据《刑法》第358条的规定，组织、强迫他人卖淫的，处5年以上10年以下有期徒刑，并处罚金;情节严重的,处 10 年以上有期徒刑或者无期徒刑,并处罚金或者没收财产。组织、强迫未成年人卖淫的,从重处罚。即便只是协助,存在为组织卖淫的人招募、运送人员或者有其他协助组织他人卖淫行为的,也可能会被处 5 年以下有期徒刑,并处罚金;情节严重的,处 5 年以上 10 年以下有期徒刑,并处罚金。

49 引诱、容留、介绍卖淫行为如何处罚?

根据《治安管理处罚法》第79条的规定,引诱、容留、介绍他人卖淫的,处10日以上15日以下拘留,可以并处5000元以下罚款;情节较轻的,处5日以下拘留或者1000元以上2000元以下罚款。"引诱"是指以金钱或其他诱惑,使本无卖淫意愿的他人主动从事卖淫活动的行为。"容留"是指为他人卖淫提供场所或允许他人在自己管理的场所内卖淫的。所谓"介绍"是指为卖淫者与嫖客间牵线搭桥、沟通撮合,使他人卖淫得以实现的行为。

如果引诱、容留、介绍他人卖淫的行为达到刑事处罚标准的,会被处5年以下有期徒刑、拘役或者管制,并处罚金;情节严重的,处5年以上有期徒刑,并处罚金。

50 售卖淫秽物品、传播淫秽信息行为如何处罚？

所谓“淫秽物品”，是指具体描绘性行为或者露骨宣扬色情的诲淫性的书刊、影片、录像带、录音带、图片及其他淫秽物品。但有关人体生理学、医学知识的科学著作、包含有色情内容的有艺术价值的文学、艺术作品不被视为淫秽物品。根据《治安管理处罚法》第 80 条的规定，制作、运输、复制、出售、出租淫秽的书刊、图片、影片、音像制品等淫秽物品或者利用信息网络、电话以及其他通讯工具传播淫秽信息的，处 10 日以上 15 日以下拘留，可以并处 5000 元以下罚款；情节较轻的，处 5 日以下拘留或者 1000 元以上 3000 元以下罚款。另外，组织播放淫秽音像、进行淫秽表演、参与聚众淫乱活动的，处 10 日以上 15 日以下拘留，并处 1000 元以上 2000 元以下罚款。明知他人从事这样的活动，还为其提供条件的，也会被处以同样的处罚。

五

关于老年人、未成年人等特定群体的规定

51 未成年人违反治安管理处罚法该怎样处理？

根据《治安管理处罚法》第12条的规定，已满14周岁不满18周岁的人违反治安管理的，从轻或者减轻处罚；不满14周岁的人违反治安管理的，不予处罚，但是应当责令其监护人严加管教。已满14周岁不满18周岁的人，缺乏足够的社会生活经验，容易受到不良因素的影响，不能完全认识和控制自己的行为，因此，法律规定对于已满14周岁不满18周岁的人违反治安管理的，应当从轻或者减轻处罚。不满14周岁的人，在《治安管理处罚法》上无责任能力，因此不予处罚，但是应当责令其监护人严加管教。责令管教是人民警察以口头方式做出的对监护人的批评教育，没有特定的程序要求。对于不满14周岁的人的监护人，按照《民法典》第27条的规定，主要指未成年人的父母、祖父母、外祖父母、兄、姐和其他愿意担任监护人的个人或者组织。

52 未成年人初次违规是否执行拘留的处罚?

根据《治安管理处罚法》第23条的规定,已满14周岁不满16周岁的未成年人按照有关法律规定应当给予行政拘留处罚的,不执行行政拘留处罚;已满16周岁不满18周岁,初次违反治安管理的,也不执行行政拘留处罚。这一规定体现了《治安管理处罚法》对未成年人的特殊保护。未成年人对行为性质及其后果的认识和控制能力有限,且行政拘留容易对未成年人的心理以及未来发展产生不良影响,因此不执行行政拘留处罚。"初次违反治安管理"是指行为人违反治安管理行为第一次被公安机关发现或者查处。但具有下列情形之一的,不属于"初次违反治安管理":(1)曾违反治安管理,虽未被公安机关发现或者查处,但仍在法定追究时效内的;(2)曾因不满16周岁违反治安管理,不执行行政拘留的；(3)曾违反治安管理，经公安机关调解结案的；(4)曾被矫治教育的；(5)曾因实施扰乱公共秩序，妨害公共安全，侵犯人身权利、财产权利，妨害社会管理的行为被人民法院判处刑罚或者免除刑事处罚的。此外，需要注意的是，如果违法行为情节严重、影响恶劣的，或者是1年以内2次以上违法的，一样可以实际执行行政拘留的处罚。

53 组织未成年人实施违法行为，会受到什么处罚?

未成年人的生理和心理尚不成熟,组织、胁迫未成年人从事违法行为的不仅严重危害社会治安秩序,更严重侵害未成年人的人格尊严和身心健康。对此类行为,法律一般都给予比较严重的处罚。

《治安管理处罚法》第 48 条规定,组织、胁迫未成年人在不适宜未成年人活动的经营场所从事陪酒、陪唱等有偿陪侍活动的,处 10 日以上 15 日以下拘留,并处 5000 元以下罚款;情节较轻的,处 5 日以下拘留或者 5000 元以下罚款。

《治安管理处罚法》第 81 条规定,有下列行为之一的,处 10 日以上 15 日以下拘留,并处 1000 元以上 2000 元以下罚款:(1)组织播放淫秽音像的;(2)组织或者进行淫秽表演的;(3)参与聚众淫乱活动的。组织未成年人从事上述活动的，从重处罚。

《刑法》第262条之二规定，组织未成年人进行盗窃、诈骗、抢夺、敲诈勒索等违反治安管理活动的，处3年以下有期徒刑或者拘役，并处罚金；情节严重的，处3年以上7年以下有期徒刑，并处罚金。

《刑法》第353条规定，引诱、教唆、欺骗他人吸食、注射毒品的，处3年以下有期徒刑、拘役或者管制，并处罚金；情节严重的，处3年以上7年以下有期徒刑，并处罚金。引诱、教唆、欺骗或者强迫未成年人吸食、注射毒品的，从重处罚。

54 对未成年人的矫正教育措施有哪些?

《预防未成年人犯罪法》第41条规定,对有严重不良行为的未成年人,公安机关可以根据具体情况,采取以下矫治教育措施:(1)予以训诫;(2)责令赔礼道歉、赔偿损失;(3)责令具结悔过;(4)责令定期报告活动情况;(5)责令遵守特定的行为规范,不得实施特定行为、接触特定人员或者进入特定场所;(6)责令接受心理辅导、行为矫治;(7)责令参加社会服务活动;(8)责令接受社会观护,由社会组织、有关机构在适当场所对未成年人进行教育、监督和管束;(9)其他适当的矫治教育措施。

55 询问未成年的违反治安管理行为人，有什么特殊规定？

根据《治安管理处罚法》第98条第3款的规定，询问不满18周岁的违反治安管理行为人，应当通知其父母或者其他监护人到场；其父母或者其他监护人不能到场的，也可以通知其他成年亲属，所在学校、单位、居住地基层组织或者未成年人保护组织的代表等合适成年人到场，并将有关情况记录在案。确实无法通知或者通知后未到场的，应当在笔录中注明。

56 虐待家庭成员,遗弃儿童或老人的行为如何处罚?

虐待、遗弃家庭成员,属于妨害家庭的行为,《治安管理处罚法》第53条对此作出了相关规定。行为人对家庭成员实施殴打、谩骂、捆绑、冻饿、侮辱、有病不给治、强迫进行超体力劳动、限制自由等虐待行为的,被虐待人或者其监护人要求处理的,对未成年人、老年人、患病的人、残疾人等负有监护、看护职责的人虐待被监护、看护的人的,遗弃没有独立生活能力的被扶养人的会被处5日以下拘留或者警告;情节严重的,处5日以上10日以下拘留,可以并处1000元以下罚款。

虐待、遗弃家庭成员情节严重,还会涉嫌犯罪。根据《刑法》第236条之一的规定,对已满14周岁不满16周岁的未成年女性负有监护、收养、看护、教育、医疗等特殊职责的人员，与该未成年女性发生性关系的，处 3 年以下有期徒刑；情节恶劣的，处 3 年以上 10 年以下有期徒刑。有上述行为，同时又构成《刑法》第 236 条规定的强奸罪的，依照处罚较重的规定定罪处罚。此外，《刑法》第 260 条第 1 款规定，虐待家庭成员，情节恶劣的，处 2 年以下有期徒刑、拘役或者管制。第 260 条之一第 1 款规定，对未成年人、老年人、患病的人、残疾人等负有监护、看护职责的人虐待被监护、看护的人，情节恶劣的，处 3 年以下有期徒刑或者拘役。第 261 条规定，对于年老、年幼、患病或者其他没有独立生活能力的人，负有扶养义务而拒绝扶养，情节恶劣的，处 5 年以下有期徒刑、拘役或者管制。

57 精神病人、智力残疾人违反治安管理应承担责任吗?

根据《治安管理处罚法》第 13 条的规定,精神病人、智力残疾人在不能辨认或者不能控制自己行为的时候违反治安管理的,不予处罚,但是应当责令其监护人加强看护管理和治疗。间歇性的精神病人在精神正常的时候违反治安管理的,应当给予处罚。尚未完全丧失辨认或者控制自己行为能力的精神病人、智力残疾人违反治安管理的,应当给予处罚,但是可以从轻或者减轻处罚。

58 盲、聋、哑人违反治安管理的，是否应承担责任?

盲人、又聋又哑人的生理缺陷会影响其辨认和控制行为的能力，因此，《治安管理处罚法》第 14 条规定，盲人或者又聋又哑的人违反治安管理的，可以从轻、减轻或者不予处罚。实践中需要注意的是：(1)该条针对的对象是盲人或者又聋又哑的人，其他有生理缺陷的人，如肢体有残疾的人或者只聋不哑、只哑不聋的人都不适用该条规定。(2)该条规定可以从轻、减轻或者不予处罚，因此实践中公安机关可以根据行为方式、主观恶性、危害后果等因素综合确定是否从轻、减轻或者不予处罚。因此，对于主观恶性严重的盲人或者又聋又哑人违反治安管理的，可以从轻、减轻处罚，但不能不处罚。

59 哪些违反治安管理的情形,应当给予行政拘留处罚的,可以不执行行政拘留处罚?

根据《治安管理处罚法》第23条的规定,违反治安管理行为人有下列情形之一,依照治安管理处罚法应当给予行政拘留处罚的,不执行行政拘留处罚:(1)已满14周岁不满16周岁的;(2)已满16周岁不满18周岁,初次违反治安管理的;(3)70周岁以上的;(4)怀孕或者哺乳自己不满1周岁婴儿的。上述第(1)项、第(2)项、第(3)项规定的行为人违反治安管理情节严重、影响恶劣的,或者第(1)项、第(3)项规定的行为人在1年以内2次以上违反治安管理的,不受上述规定的限制。

60 侮辱英烈的行为会受到怎样的处罚?

英雄烈士事迹和精神是中华民族的共同历史记忆和社会主义核心价值观的重要体现。国家保护英雄烈士,维护英雄烈士尊严和合法权益。根据《英雄烈士保护法》的规定,禁止歪曲、丑化、亵渎、否定英雄烈士事迹和精神。英雄烈士的姓名、肖像、名誉、荣誉受法律保护。以侮辱、诽谤或者其他方式侵害英雄烈士的姓名、肖像、名誉、荣誉,损害社会公共利益的,依法承担民事责任;构成违反治安管理行为的,由公安机关依法给予治安管理处罚;构成犯罪的,依法追究刑事责任。

《治安管理处罚法》对构成违反治安管理行为的侮辱英烈行为和处罚标准进行了明确的规定,该法第35条规定:"有下列行为之一的,处五日以上十日以下拘留或者一千元以上三千元以下罚款;情节较重的,处十日以上十五日以下拘留,可以并处五千元以下罚款:(一)在国家举行庆祝、纪念、缅怀、公祭等重要活动的场所及周边管控区域，故意从事与活动主题和氛围相违背的行为，不听劝阻，造成不良社会影响的；(二)在英雄烈士纪念设施保护范围内从事有损纪念英雄烈士环境和氛围的活动，不听劝阻的，或者侵占、破坏、污损英雄烈士纪念设施的；(三)以侮辱、诽谤或者其他方式侵害英雄烈士的姓名、肖像、名誉、荣誉，损害社会公共利益的；(四)亵渎、否定英雄烈士事迹和精神，或者制作、传播、散布宣扬、美化侵略战争、侵略行为的言论或者图片、音视频等物品，扰乱公共秩序的；(五)在公共场所或者强制他人在公共场所穿着、佩戴宣扬、美化侵略战争、侵略行为的服饰、标志，不听劝阻，造成不良社会影响的。”

侵害英雄烈士的名誉、荣誉情节严重，也可能涉嫌犯罪。《刑法》第 299 条之一规定，侮辱、诽谤或者以其他方式侵害英雄烈士的名誉、荣誉，损害社会公共利益，情节严重的，处 3 年以下有期徒刑、拘役、管制或者剥夺政治权利。

六

特定场所或设施的保护

61 危害铁路安全的行为有哪些？

根据《铁路安全管理条例》第77条的规定，禁止实施下列危害铁路安全的行为：(1)非法拦截列车、阻断铁路运输；(2)扰乱铁路运输指挥调度机构以及车站、列车的正常秩序；(3)在铁路线路上放置、遗弃障碍物；(4)击打列车；(5)擅自移动铁路线路上的机车车辆，或者擅自开启列车车门、违规操纵列车紧急制动设备；(6)拆盗、损毁或者擅自移动铁路设施设备、机车车辆配件、标桩、防护设施和安全标志；(7)在铁路线路上行走、坐卧或者在未设道口、人行过道的铁路线路上通过；(8)擅自进入铁路线路封闭区域或者在未设置行人通道的铁路桥梁、隧道通行；(9)擅自开启、关闭列车的货车阀、盖或者破坏施封状态；(10)擅自开启列车中的集装箱箱门，破坏箱体、阀、盖或者施封状态；(11)擅自松动、拆解、移动列车中的货物装载加固材料、装置和设备；(12)钻车、扒车、跳车；(13)从列车上抛扔杂物；(14)在动车组列车上吸烟或者在其他列车的禁烟区域吸烟;(15)强行登乘或者以拒绝下车等方式强占列车;(16)冲击、堵塞、占用进出站通道或者候车区、站台。

违反上述规定的,由公安机关责令改正,对单位处1万元以上5万元以下罚款,对个人处500元以上2000元以下罚款。此外,《治安管理处罚法》第42条还特别规定,擅自进入铁路、城市轨道交通防护网或者火车、城市轨道交通列车来临时在铁路、城市轨道交通线路上行走坐卧,抢越铁路、城市轨道,影响行车安全的,处警告或者500元以下罚款。

62 “霸座”行为可能受到什么处罚？

根据《民法典》第 815 条的规定，旅客应当按照有效客票记载的时间、班次和座位号乘坐。不按照座位号就座的“霸座”行为，不仅将导致被“霸座”乘客无法使用其座位，构成了对其座位使用权的侵犯，还涉嫌扰乱公共交通秩序的违法行为。根据《治安管理处罚法》第 26 条的规定，扰乱公共汽车、电车、城市轨道交通车辆、火车、船舶、航空器或者其他公共交通工具上的秩序的，处警告或者 500 元以下罚款；情节较重的，处 5 日以上 10 日以下拘留，可以并处 1000 元以下罚款。此外，根据国家发改委等八部门联合发布《关于在一定期限内适当限制特定严重失信人乘坐火车推动社会信用体系建设的意见》，以及中国铁路总公司发布《限制铁路旅客运输领域严重失信人购买车票管理办法》（2018 年 5 月 1 日施行）的规定，“霸座”者可能被铁路运输拉入“黑名单”，限制其购买车票。

63 以抢夺方向盘或者拉扯、殴打驾驶人等方式妨碍公共交通工具正常行驶会受到怎样的处罚?

《刑法》及相关司法解释已经将抢夺方向盘、变速杆等操纵装置,殴打、拉拽驾驶人员等妨害安全驾驶行为纳入以危险方法危害公共安全罪范畴。根据《刑法》第 133 条之二的规定,对行驶中的公共交通工具的驾驶人员使用暴力或者抢控驾驶操纵装置,干扰公共交通工具正常行驶,危及公共安全的,处一年以下有期徒刑、拘役或者管制,并处或者单处罚金。对于尚不构成犯罪但构成违反治安管理行为的,依法给予治安管理处罚。《治安管理处罚法》第 40 条第 3 款规定,以抢控驾驶操纵装置、拉扯、殴打驾驶人员等方式干扰公共交通工具正常行驶的,处 5 日以下拘留或者 1000 元以下罚款;情节较重的,处 5 日以上 10 日以下拘留。

64 阻碍执行紧急任务的消防车、救护车、工程抢险车、警车等车辆通行行为构成违法吗？

根据《治安管理处罚法》第 61 条的规定，阻碍执行紧急任务的消防车、救护车、工程抢险车、警车等车辆通行的，会构成违法，处警告或者 500 元以下罚款；情节严重的，处 5 日以上 10 日以下拘留，可以并处 1000 元以下罚款。根据该条的规定，以其他形式影响执行公务的，也会被予以同样的处罚。如拒不执行人民政府在紧急状态情况下依法发布的决定、命令的，阻碍国家机关工作人员依法执行职务的，强行冲闯公安机关设置的警戒带、警戒区或者检查点的。如果是阻碍人民警察依法执行职务的，还将被从重处罚。

65 扰乱单位秩序、公共场所秩序行为如何处罚?

根据《治安管理处罚法》第26条的规定,到机关、团体、企事业单位吵闹,扰乱正常工作秩序,致使工作、生产、营业、医疗、教学、科研不能正常进行,尚未造成严重损失的,会被处警告或者500元以下罚款;情节较重的,处5日以上10日以下拘留,可以并处1000元以下罚款。

同样地,如果是扰乱车站、港口、码头、机场、商场、公园、展览馆或者其他公共场所秩序,扰乱公共汽车、电车、城市轨道交通车辆、火车、船舶、航空器或者其他公共交通工具上秩序,非法拦截或者强登、扒乘机动车、船舶、航空器以及其他交通工具,影响交通工具正常行驶,也会被处以同样的处罚。

如果是聚众实施这样的行为,对于组织、策划、指挥活动的首要分子,处 10 日以上 15 日以下拘留,可以并处 2000 元以下罚款。

66 盗窃、损毁重要公共设施行为如何处罚?

油气管道设施、电力电信设施、广播电视设施、水利工程设施、公共供水设施、公路及附属设施或者水文监测、测量、气象测报、生态环境监测、地质监测、地震监测等公共设施对正常的社会生活秩序有着非常重要的作用和意义。如果盗窃、损毁这些重要的公共设施,根据《治安管理处罚法》第 39 条的规定,会被处 10 日以上 15 日以下拘留;情节较轻的,处 5 日以下拘留。

如果是私自移动、损毁国家边境的界碑、界桩以及其他边境标志、边境设施或者领土、领海基点标志设施,或者非法进行影响国(边)界线走向的活动或者修建有碍国(边)境管理的设施,也会被予以同样的处罚。

67 在名胜古迹上刻字留念构成违法吗？

游客在游览名胜古迹时，要自觉遵守景区的管理规定。根据《治安管理处罚法》第 75 条的规定，刻划、涂污或者以其他方式故意损坏国家保护的文物、名胜古迹，或违反国家规定在文物保护单位附近进行爆破、钻探、挖掘等活动，危及文物安全的，处警告或者 500 元以下罚款；情节较重的，处 5 日以上 10 日以下拘留，并处 500 元以上 1000 元以下罚款。

上述行为如果造成比较严重的后果的，还可能涉嫌犯罪。根据《刑法》第 324 条的规定，故意损毁国家保护的珍贵文物或者被确定为全国重点文物保护单位、省级文物保护单位的文物的，处 3 年以下有期徒刑或者拘役，并处或者单处罚金；情节严重的，处 3 年以上 10 年以下有期徒刑，并处罚金。故意损毁国家保护的名胜古迹，情节严重的，处 5 年以下有期徒刑或者拘役，并处或者单处罚金。过失损毁国家保护的珍贵文物或者被确定为全国重点文物保护单位、省级文物保护单位的文物,造成严重后果的,处3年以下有期徒刑或者拘役。

68 扰乱村委选举秩序应受到怎样的处罚?

根据《治安管理处罚法》第 26 条的规定,破坏依法进行的选举秩序的,处警告或者 500 元以下罚款;情节较重的,处 5 日以上 10 日以下拘留,可以并处 1000 元以下罚款。如果是聚众实施破坏选举行为的,对首要分子处 10 日以上 15 日以下拘留,可以并处 2000 元以下罚款。

在实践中,破坏选举秩序一般是指在选举各级人民代表大会代表和国家机关领导人员以及其他依照法律规定举行的选举时,以暴力、威胁、欺骗、贿赂、伪造选举文件、虚报选举票数等手段破坏选举或者妨害选民和代表自由行使选举权和被选举权的行为。《治安管理处罚法》第 26 条规定的选举既包括选举各级人民代表大会代表或者国家机关领导人,也包括村民委员会、居民委员会的选举等。选举活动包括选民登记、提出候选人、投票选举、补选、罢免等整个选举过程。

七

治安纠纷的解决程序和救济

69 办理治安案件时哪些情形应当回避?

人民警察在办理治安案件过程中,遇有下列情形之一的,应当回避;违反治安管理行为人、被侵害人或者其法定代理人也有权要求他们回避:(1)是本案当事人或者当事人的近亲属的;(2)本人或者其近亲属与本案有利害关系的;(3)与本案当事人有其他关系,可能影响案件公正处理的。人民警察的回避,由其所属的公安机关决定;公安机关负责人的回避,由上一级公安机关决定。

70 实施治安管理处罚和办理治安案件的基本原则是什么?

治安管理处罚必须以事实为依据,与违反治安管理的事实、性质、情节以及社会危害程度相当,即“责罚相当”。实施治安管理处罚,应当公开、公正,尊重和保障人权,保护公民的人格尊严。对于违法者,其一样享有人权与人格尊严。违反治安管理的行为属于违法行为,对其处罚与惩治也必须按照法律程序、依照法律相关规定进行。办理治安案件应当坚持教育与处罚相结合的原则,充分释法说理,教育公民、法人或者其他组织自觉守法。

71 治安管理处罚案件可以调解吗？如果要调解，应怎样进行？

一般情况下，对因民间纠纷引起的打架斗殴或者损毁他人财物等违反治安管理行为，情节较轻的，公安机关本着化解矛盾纠纷、维护社会稳定、构建和谐社会的要求，依法尽量予以调解处理。特别是对因家庭、邻里、同事之间纠纷引起的违反治安管理行为，情节较轻，双方当事人愿意和解的，如制造噪声、发送信息、饲养动物干扰他人正常生活，放任动物恐吓他人，以及侮辱、诽谤、诬告陷害、侵犯隐私、偷开机动车等治安案件，公安机关都可以调解处理。但是有下列情形之一的，不适用调解处理：(1)雇凶伤害他人的；(2)结伙斗殴或者其他寻衅滋事的；(3)多次实施违反治安管理行为的；(4)当事人明确表示不愿意调解处理的；(5)当事人在治安调解过程中又针对对方实施违反治安管理行为的；(6)调解过程中，违法嫌疑人逃跑的；(7)其他不宜调解处理的。

为确保调解取得良好效果，调解前应当及时依法做深入细致的调查取证工作，以查明事实、收集证据、分清责任。调解达成协议的，应当制作调解书，交双方当事人签字。当事人中有未满16周岁未成年人的，调解时未成年当事人的父母或者其他监护人应当在场。对因邻里纠纷引起的伤害案件进行调解时，可以邀请当地居民委员会、村民委员会的人员或者双方当事人熟悉的人员参加。

对不构成违反治安管理行为的民间纠纷，公安机关会告知当事人向人民法院或者人民调解组织申请处理。

72 调解的次数和时间有限制吗?

治安调解一般为一次,必要时可以增加一次。对明显不构成轻伤、不需要伤情鉴定以及损毁财物价值不大、不需要进行价值认定的治安案件,在受理案件后的3个工作日内完成调解;对需要伤情鉴定或者价值认定的治安案件,在伤情鉴定文书和价值认定结论出具后的3个工作日内完成调解。对一次调解不成,有必要再次调解的,应当在第一次调解后的7个工作日内完成第二次调解。

73 什么情况下公安机关可以当场对违法行为作出行政处罚决定?

当场处罚程序又称简易程序,是公安机关为了提高办案效率,保证及时处理违反治安管理行为而当场进行处罚的行政处罚程序。简易程序的前提必须是案情简单,情节轻微,无需多方查证即能认定违法事实,并且不涉及其他违法犯罪案件的行为。如果当事人对执法人员认定的事实有异议,则应考虑适用一般程序。

对治安案件适用简易程序,《治安管理处罚法》第 119 条规定,违反治安管理行为事实清楚,证据确凿,处警告或者 500 元以下罚款的,可以当场作出治安管理处罚决定。

74 当场作出治安处罚决定的如何执行?

当场作出治安管理处罚决定的,人民警察应当向违反治安管理行为人出示人民警察证,并填写处罚决定书,载明被处罚人的姓名、违法行为、处罚依据、罚款数额、时间、地点以及公安机关名称,并由经办的人民警察签名或者盖章。经办的人民警察应当在24小时内报所属公安机关备案。

处罚决定书应当当场交付被处罚人;有被侵害人的,并应当将决定书送达被侵害人。

75 治安管理案件中调解达成协议之后，当事人又反悔的，怎么办？

如果经调解未达成协议或者达成协议后不履行，这时就跟没进行过调解一样，还是按照之前应该走的程序走。公安机关依旧会依照《治安管理处罚法》的规定对违反治安管理行为人给予相应的处罚，而当事人仍然可以就民事争议依法向人民法院提起民事诉讼。

76 治安案件调查结束后会怎么处理？

治安案件调查结束后，公安机关会根据不同情况，分别作出以下处理：(1)确有依法应当给予治安管理处罚的违法行为的，根据情节轻重及具体情况，作出处罚决定；(2)依法不予处罚的，或者违法事实不能成立的，作出不予处罚决定；(3)违法行为已涉嫌犯罪的，移送有关主管机关依法追究刑事责任；(4)发现违反治安管理行为人有其他违法行为的，在对违反治安管理行为作出处罚决定的同时，通知或者移送有关主管机关处理。对情节复杂或者重大违法行为给予治安管理处罚，公安机关负责人应当集体讨论决定。

77 治安管理处罚决定书应当载明哪些内容?

公安机关作出治安管理处罚决定的,应当制作治安管理处罚决定书。决定书应当载明下列内容:(1)被处罚人的姓名、性别、年龄、身份证件的名称和号码、住址;(2)违法事实和证据;(3)处罚的种类和依据;(4)处罚的执行方式和期限;(5)对处罚决定不服,申请行政复议、提起行政诉讼的途径和期限;(6)作出处罚决定的公安机关的名称和作出决定的日期。决定书应当由作出处罚决定的公安机关加盖印章。

78 收到罚款处罚决定书的应如何缴纳罚款？如果逾期或拒不缴纳会有什么后果？

受到罚款处罚的人应当自收到处罚决定书之日起15日内，到指定的银行或通过电子支付系统缴纳罚款。公安机关依法实施罚款处罚，应当依照有关法律、行政法规的规定，实行罚款决定与罚款收缴分离；收缴的罚款应当全部上缴国库。这就是所谓的“罚缴分离”。

有下列情形之一的，人民警察可以当场收缴罚款：(1)被处200元以下罚款，被处罚人对罚款无异议的；(2)在边远、水上、交通不便地区，旅客列车上或者口岸，公安机关及其人民警察依照《治安管理处罚法》的规定作出罚款决定后，被处罚人到指定的银行或者通过电子支付系统缴纳罚款确有困难，经被处罚人提出的；(3)被处罚人在当地没有固定住所，不当场收缴事后难以执行的。人民警察当场收缴罚款的,应当向被处罚人出具省级以上人民政府财政部门统一制发的专用票据;不出具统一制发的专用票据的,被处罚人有权拒绝缴纳罚款。

79 当事人不服公安机关的裁决，如何处理？

被处罚人、被侵害人对治安管理处罚决定不服的，可以依法申请行政复议或者提起行政诉讼。《治安管理处罚法》取消了行政复议前置程序。被处罚人对治安管理处罚决定不服的，既可以申请行政复议，也可以直接提起行政诉讼。

如果要行政复议，被处罚人可以自收到处罚决定书之日起60日内提出行政复议申请，书面或口头形式均可。对派出所依法以自己的名义作出的决定不服，向设立该派出机构的部门(公安机关)或者乡镇人民政府申请行政复议。

被处罚人直接向人民法院提起行政诉讼的，应当在收到治安管理处罚决定书之日起3个月内提出。被处罚人不服行政复议决定的，可以在收到复议决定书之日起15日内向人民法院提起行政诉讼。复议机关逾期不作决定的，申请人可以在复议期满之日起15日内向人民法院提起行政诉讼。

对未经行政复议和经行政复议决定维持原处罚决定的行政诉讼案件，由作出处罚决定的公安机关负责人和原办案部门的承办民警出庭应诉；对经行政复议决定撤销、变更原处罚决定或者责令被申请人重新作出具体行政行为的行政诉讼案件，由行政复议机关负责人和行政复议机构的承办民警出庭应诉。

80 如果发现公安机关办理治安案件时有违法违纪行为，怎么办？

公安机关及其人民警察办理治安案件,应当自觉接受社会和公民的监督。如果发现公安机关及其人民警察在办理治安管理案件时,有刑讯逼供、体罚、打骂、虐待、侮辱他人,收受他人财物或者谋取其他利益,私分、侵占、挪用、故意损毁所收缴、追缴、扣押的财物,接到报警不出警,徇私舞弊、玩忽职守、滥用职权等行为,任何单位和个人都有权向公安机关或者人民检察院、监察机关检举、控告。收到检举、控告的机关,应当依据职责及时处理,对负有责任的领导人员和其他直接责任人员给予相应的处分;构成犯罪的,依法追究其刑事责任。

附　录

1. 中华人民共和国治安管理处罚法

（2005年8月28日第十届全国人民代表大会常务委员会第十七次会议通过　根据2012年10月26日第十一届全国人民代表大会常务委员会第二十九次会议《关于修改〈中华人民共和国治安管理处罚法〉的决定》修正　2025年6月27日第十四届全国人民代表大会常务委员会第十六次会议修订）

目　　录

第一章　总　　则

第一条　为了维护社会治安秩序，保障公共安全，保护公民、法人和其他组织的合法权益，规范和保障公安机关及其人民警察依法履行治安管理职责，根据宪法，制定本法。

第二条　治安管理工作坚持中国共产党的领导，坚持综合治理。

各级人民政府应当加强社会治安综合治理，采取有效措施，预防和化解社会矛盾纠纷，增进社会和谐，维护社会稳定。

第三条　扰乱公共秩序，妨害公共安全，侵犯人身权利、财产权利，妨害社会管理，具有社会危害性，依照《中华人民共和国刑法》的规定构成犯罪的，依法追究刑事责任；尚不够刑事处罚的，由公安机关依照本法给予治安管理处罚。

第四条　治安管理处罚的程序，适用本法的规定；本法没有规定的，适用《中华人民共和国行政处罚法》、《中华人民共和国行政强制法》的有关规定。

第五条 在中华人民共和国领域内发生的违反治安管理行为，除法律有特别规定的外，适用本法。

在中华人民共和国船舶和航空器内发生的违反治安管理行为，除法律有特别规定的外，适用本法。

在外国船舶和航空器内发生的违反治安管理行为，依照中华人民共和国缔结或者参加的国际条约，中华人民共和国行使管辖权的，适用本法。

第六条 治安管理处罚必须以事实为依据，与违反治安管理的事实、性质、情节以及社会危害程度相当。

实施治安管理处罚，应当公开、公正，尊重和保障人权，保护公民的人格尊严。

办理治安案件应当坚持教育与处罚相结合的原则，充分释法说理，教育公民、法人或者其他组织自觉守法。

第七条 国务院公安部门负责全国的治安管理工作。县级以上地方各级人民政府公安机关负责本行政区域内的治安管理工作。

治安案件的管辖由国务院公安部门规定。

第八条 违反治安管理行为对他人造成损害的，除依照本法给予治安管理处罚外，行为人或者其监护人还应当依法承担民事责任。

违反治安管理行为构成犯罪，应当依法追究刑事责任的，不得以治安管理处罚代替刑事处罚。

第九条 对于因民间纠纷引起的打架斗殴或者损毁他人财物等

违反治安管理行为，情节较轻的，公安机关可以调解处理。

调解处理治安案件，应当查明事实，并遵循合法、公正、自愿、及时的原则，注重教育和疏导，促进化解矛盾纠纷。

经公安机关调解，当事人达成协议的，不予处罚。经调解未达成协议或者达成协议后不履行的，公安机关应当依照本法的规定对违反治安管理行为作出处理，并告知当事人可以就民事争议依法向人民法院提起民事诉讼。

对属于第一款规定的调解范围的治安案件，公安机关作出处理决定前，当事人自行和解或者经人民调解委员会调解达成协议并履行，书面申请经公安机关认可的，不予处罚。

第二章　处罚的种类和适用

第十条　治安管理处罚的种类分为：

（一）警告；

（二）罚款；

（三）行政拘留；

（四）吊销公安机关发放的许可证件。

对违反治安管理的外国人，可以附加适用限期出境或者驱逐出境。

第十一条　办理治安案件所查获的毒品、淫秽物品等违禁品，赌具、赌资，吸食、注射毒品的用具以及直接用于实施违反治安管理行为的本人所有的工具,应当收缴,按照规定处理。

违反治安管理所得的财物,追缴退还被侵害人;没有被侵害人的,登记造册,公开拍卖或者按照国家有关规定处理,所得款项上缴国库。

第十二条 已满十四周岁不满十八周岁的人违反治安管理的,从轻或者减轻处罚;不满十四周岁的人违反治安管理的,不予处罚,但是应当责令其监护人严加管教。

第十三条 精神病人、智力残疾人在不能辨认或者不能控制自己行为的时候违反治安管理的,不予处罚,但是应当责令其监护人加强看护管理和治疗。间歇性的精神病人在精神正常的时候违反治安管理的,应当给予处罚。尚未完全丧失辨认或者控制自己行为能力的精神病人、智力残疾人违反治安管理的,应当给予处罚,但是可以从轻或者减轻处罚。

第十四条 盲人或者又聋又哑的人违反治安管理的,可以从轻、减轻或者不予处罚。

第十五条 醉酒的人违反治安管理的,应当给予处罚。

醉酒的人在醉酒状态中,对本人有危险或者对他人的人身、财产或者公共安全有威胁的,应当对其采取保护性措施约束至酒醒。

第十六条 有两种以上违反治安管理行为的,分别决定,合并执行处罚。行政拘留处罚合并执行的,最长不超过二十日。

第十七条 共同违反治安管理的,根据行为人在违反治安管理行为中所起的作用，分别处罚。

教唆、胁迫、诱骗他人违反治安管理的，按照其教唆、胁迫、诱骗的行为处罚。

第十八条 单位违反治安管理的，对其直接负责的主管人员和其他直接责任人员依照本法的规定处罚。其他法律、行政法规对同一行为规定给予单位处罚的，依照其规定处罚。

第十九条 为了免受正在进行的不法侵害而采取的制止行为，造成损害的，不属于违反治安管理行为，不受处罚；制止行为明显超过必要限度，造成较大损害的，依法给予处罚，但是应当减轻处罚；情节较轻的，不予处罚。

第二十条 违反治安管理有下列情形之一的，从轻、减轻或者不予处罚：

（一）情节轻微的；

（二）主动消除或者减轻违法后果的；

（三）取得被侵害人谅解的；

（四）出于他人胁迫或者诱骗的；

（五）主动投案，向公安机关如实陈述自己的违法行为的；

（六）有立功表现的。

第二十一条 违反治安管理行为人自愿向公安机关如实陈述自己的违法行为，承认违法事实，愿意接受处罚的，可以依法从宽处理。

第二十二条 违反治安管理有下列情形之一的，从重处罚：

（一）有较严重后果的；

（二）教唆、胁迫、诱骗他人违反治安管理的；

（三）对报案人、控告人、举报人、证人打击报复的；

（四）一年以内曾受过治安管理处罚的。

第二十三条 违反治安管理行为人有下列情形之一，依照本法应当给予行政拘留处罚的，不执行行政拘留处罚：

（一）已满十四周岁不满十六周岁的；

（二）已满十六周岁不满十八周岁，初次违反治安管理的；

（三）七十周岁以上的；

（四）怀孕或者哺乳自己不满一周岁婴儿的。

前款第一项、第二项、第三项规定的行为人违反治安管理情节严重、影响恶劣的，或者第一项、第三项规定的行为人在一年以内二次以上违反治安管理的，不受前款规定的限制。

第二十四条 对依照本法第十二条规定不予处罚或者依照本法第二十三条规定不执行行政拘留处罚的未成年人，公安机关依照《中华人民共和国预防未成年人犯罪法》的规定采取相应矫治教育等措施。

第二十五条 违反治安管理行为在六个月以内没有被公安机关发现的，不再处罚。

前款规定的期限，从违反治安管理行为发生之日起计算；违反治安管理行为有连续或者继续状态的，从行为终了之日起计算。

第三章　违反治安管理的行为和处罚

第一节　扰乱公共秩序的行为和处罚

第二十六条　有下列行为之一的,处警告或者五百元以下罚款;情节较重的,处五日以上十日以下拘留,可以并处一千元以下罚款:

(一)扰乱机关、团体、企业、事业单位秩序,致使工作、生产、营业、医疗、教学、科研不能正常进行,尚未造成严重损失的;

(二)扰乱车站、港口、码头、机场、商场、公园、展览馆或者其他公共场所秩序的;

(三)扰乱公共汽车、电车、城市轨道交通车辆、火车、船舶、航空器或者其他公共交通工具上的秩序的;

(四)非法拦截或者强登、扒乘机动车、船舶、航空器以及其他交通工具,影响交通工具正常行驶的;

(五)破坏依法进行的选举秩序的。

聚众实施前款行为的,对首要分子处十日以上十五日以下拘留,可以并处二千元以下罚款。

第二十七条　在法律、行政法规规定的国家考试中,有下列行为之一,扰乱考试秩序的,处违法所得一倍以上五倍以下罚款,没有违法所得或者违法所得不足一千元的,处一千元以上三千元以下罚款;情节较重的,处五日以上十五日以下拘留:

（一）组织作弊的；

（二）为他人组织作弊提供作弊器材或者其他帮助的；

（三）为实施考试作弊行为，向他人非法出售、提供考试试题、答案的；

（四）代替他人或者让他人代替自己参加考试的。

第二十八条 有下列行为之一，扰乱体育、文化等大型群众性活动秩序的，处警告或者五百元以下罚款；情节严重的，处五日以上十日以下拘留，可以并处一千元以下罚款：

（一）强行进入场内的；

（二）违反规定，在场内燃放烟花爆竹或者其他物品的；

（三）展示侮辱性标语、条幅等物品的；

（四）围攻裁判员、运动员或者其他工作人员的；

（五）向场内投掷杂物，不听制止的；

（六）扰乱大型群众性活动秩序的其他行为。

因扰乱体育比赛、文艺演出活动秩序被处以拘留处罚的，可以同时责令其六个月至一年以内不得进入体育场馆、演出场馆观看同类比赛、演出；违反规定进入体育场馆、演出场馆的，强行带离现场，可以处五日以下拘留或者一千元以下罚款。

第二十九条 有下列行为之一的，处五日以上十日以下拘留，可以并处一千元以下罚款；情节较轻的，处五日以下拘留或者一千元以下罚款：

(一)故意散布谣言,谎报险情、疫情、灾情、警情或者以其他方法故意扰乱公共秩序的;

(二)投放虚假的爆炸性、毒害性、放射性、腐蚀性物质或者传染病病原体等危险物质扰乱公共秩序的;

(三)扬言实施放火、爆炸、投放危险物质等危害公共安全犯罪行为扰乱公共秩序的。

第三十条 有下列行为之一的,处五日以上十日以下拘留或者一千元以下罚款;情节较重的,处十日以上十五日以下拘留,可以并处二千元以下罚款:

(一)结伙斗殴或者随意殴打他人的;

(二)追逐、拦截他人的;

(三)强拿硬要或者任意损毁、占用公私财物的;

(四)其他无故侵扰他人、扰乱社会秩序的寻衅滋事行为。

第三十一条 有下列行为之一的,处十日以上十五日以下拘留,可以并处二千元以下罚款;情节较轻的,处五日以上十日以下拘留,可以并处一千元以下罚款:

(一)组织、教唆、胁迫、诱骗、煽动他人从事邪教活动、会道门活动、非法的宗教活动或者利用邪教组织、会道门、迷信活动,扰乱社会秩序、损害他人身体健康的;

(二)冒用宗教、气功名义进行扰乱社会秩序、损害他人身体健康活动的;

（三）制作、传播宣扬邪教、会道门内容的物品、信息、资料的。

第三十二条　违反国家规定，有下列行为之一的，处五日以上十日以下拘留；情节严重的，处十日以上十五日以下拘留：

（一）故意干扰无线电业务正常进行的；

（二）对正常运行的无线电台（站）产生有害干扰，经有关主管部门指出后，拒不采取有效措施消除的；

（三）未经批准设置无线电广播电台、通信基站等无线电台（站）的，或者非法使用、占用无线电频率，从事违法活动的。

第三十三条　有下列行为之一，造成危害的，处五日以下拘留；情节较重的，处五日以上十五日以下拘留：

（一）违反国家规定，侵入计算机信息系统或者采用其他技术手段，获取计算机信息系统中存储、处理或者传输的数据，或者对计算机信息系统实施非法控制的；

（二）违反国家规定，对计算机信息系统功能进行删除、修改、增加、干扰的；

（三）违反国家规定，对计算机信息系统中存储、处理、传输的数据和应用程序进行删除、修改、增加的；

（四）故意制作、传播计算机病毒等破坏性程序的；

（五）提供专门用于侵入、非法控制计算机信息系统的程序、工具，或者明知他人实施侵入、非法控制计算机信息系统的违法犯罪行为而为其提供程序、工具的。

第三十四条 组织、领导传销活动的,处十日以上十五日以下拘留;情节较轻的,处五日以上十日以下拘留。

胁迫、诱骗他人参加传销活动的,处五日以上十日以下拘留;情节较重的,处十日以上十五日以下拘留。

第三十五条 有下列行为之一的,处五日以上十日以下拘留或者一千元以上三千元以下罚款;情节较重的,处十日以上十五日以下拘留,可以并处五千元以下罚款:

(一)在国家举行庆祝、纪念、缅怀、公祭等重要活动的场所及周边管控区域,故意从事与活动主题和氛围相违背的行为,不听劝阻,造成不良社会影响的;

(二)在英雄烈士纪念设施保护范围内从事有损纪念英雄烈士环境和氛围的活动,不听劝阻的,或者侵占、破坏、污损英雄烈士纪念设施的;

(三)以侮辱、诽谤或者其他方式侵害英雄烈士的姓名、肖像、名誉、荣誉,损害社会公共利益的;

(四)亵渎、否定英雄烈士事迹和精神,或者制作、传播、散布宣扬、美化侵略战争、侵略行为的言论或者图片、音视频等物品,扰乱公共秩序的;

(五)在公共场所或者强制他人在公共场所穿着、佩戴宣扬、美化侵略战争、侵略行为的服饰、标志,不听劝阻,造成不良社会影响的。

第二节 妨害公共安全的行为和处罚

第三十六条 违反国家规定,制造、买卖、储存、运输、邮寄、携带、使用、提供、处置爆炸性、毒害性、放射性、腐蚀性物质或者传染病病原体等危险物质的,处十日以上十五日以下拘留;情节较轻的,处五日以上十日以下拘留。

第三十七条 爆炸性、毒害性、放射性、腐蚀性物质或者传染病病原体等危险物质被盗、被抢或者丢失,未按规定报告的,处五日以下拘留;故意隐瞒不报的,处五日以上十日以下拘留。

第三十八条 非法携带枪支、弹药或者弩、匕首等国家规定的管制器具的,处五日以下拘留,可以并处一千元以下罚款;情节较轻的,处警告或者五百元以下罚款。

非法携带枪支、弹药或者弩、匕首等国家规定的管制器具进入公共场所或者公共交通工具的,处五日以上十日以下拘留,可以并处一千元以下罚款。

第三十九条 有下列行为之一的,处十日以上十五日以下拘留;情节较轻的,处五日以下拘留:

(一)盗窃、损毁油气管道设施、电力电信设施、广播电视设施、水利工程设施、公共供水设施、公路及附属设施或者水文监测、测量、气象测报、生态环境监测、地质监测、地震监测等公共设施,危及公共安全的;

(二)移动、损毁国家边境的界碑、界桩以及其他边境标志、边境设施或者领土、领海基点标志设施的;

(三)非法进行影响国(边)界线走向的活动或者修建有碍国(边)境管理的设施的。

第四十条 盗窃、损坏、擅自移动使用中的航空设施,或者强行进入航空器驾驶舱的,处十日以上十五日以下拘留。

在使用中的航空器上使用可能影响导航系统正常功能的器具、工具,不听劝阻的,处五日以下拘留或者一千元以下罚款。

盗窃、损坏、擅自移动使用中的其他公共交通工具设施、设备,或者以抢控驾驶操纵装置、拉扯、殴打驾驶人员等方式,干扰公共交通工具正常行驶的,处五日以下拘留或者一千元以下罚款;情节较重的,处五日以上十日以下拘留。

第四十一条 有下列行为之一的,处五日以上十日以下拘留,可以并处一千元以下罚款;情节较轻的,处五日以下拘留或者一千元以下罚款:

(一)盗窃、损毁、擅自移动铁路、城市轨道交通设施、设备、机车车辆配件或者安全标志的;

(二)在铁路、城市轨道交通线路上放置障碍物,或者故意向列车投掷物品的;

(三)在铁路、城市轨道交通线路、桥梁、隧道、涵洞处挖掘坑穴、采石取沙的;

（四）在铁路、城市轨道交通线路上私设道口或者平交过道的。

第四十二条　擅自进入铁路、城市轨道交通防护网或者火车、城市轨道交通列车来临时在铁路、城市轨道交通线路上行走坐卧，抢越铁路、城市轨道，影响行车安全的，处警告或者五百元以下罚款。

第四十三条　有下列行为之一的，处五日以下拘留或者一千元以下罚款；情节严重的，处十日以上十五日以下拘留，可以并处一千元以下罚款：

（一）未经批准，安装、使用电网的，或者安装、使用电网不符合安全规定的；

（二）在车辆、行人通行的地方施工，对沟井坎穴不设覆盖物、防围和警示标志的，或者故意损毁、移动覆盖物、防围和警示标志的；

（三）盗窃、损毁路面井盖、照明等公共设施的；

（四）违反有关法律法规规定，升放携带明火的升空物体，有发生火灾事故危险，不听劝阻的；

（五）从建筑物或者其他高空抛掷物品，有危害他人人身安全、公私财产安全或者公共安全危险的。

第四十四条　举办体育、文化等大型群众性活动，违反有关规定，有发生安全事故危险，经公安机关责令改正而拒不改正或者无法改正的，责令停止活动，立即疏散；对其直接负责的主管人员和其他直接责任人员处五日以上十日以下拘留，并处一千元以上三千元以下罚款；情节较重的，处十日以上十五日以下拘留，并处三千元以上五千元以下罚款,可以同时责令六个月至一年以内不得举办大型群众性活动。

第四十五条 旅馆、饭店、影剧院、娱乐场、体育场馆、展览馆或者其他供社会公众活动的场所违反安全规定,致使该场所有发生安全事故危险,经公安机关责令改正而拒不改正的,对其直接负责的主管人员和其他直接责任人员处五日以下拘留;情节较重的,处五日以上十日以下拘留。

第四十六条 违反有关法律法规关于飞行空域管理规定,飞行民用无人驾驶航空器、航空运动器材,或者升放无人驾驶自由气球、系留气球等升空物体,情节较重的,处五日以上十日以下拘留。

飞行、升放前款规定的物体非法穿越国(边)境的,处十日以上十五日以下拘留。

第三节 侵犯人身权利、财产权利的行为和处罚

第四十七条 有下列行为之一的,处十日以上十五日以下拘留,并处一千元以上二千元以下罚款;情节较轻的,处五日以上十日以下拘留,并处一千元以下罚款:

(一)组织、胁迫、诱骗不满十六周岁的人或者残疾人进行恐怖、残忍表演的;

(二)以暴力、威胁或者其他手段强迫他人劳动的;

(三)非法限制他人人身自由、非法侵入他人住宅或者非法搜查

他人身体的。

第四十八条　组织、胁迫未成年人在不适宜未成年人活动的经营场所从事陪酒、陪唱等有偿陪侍活动的，处十日以上十五日以下拘留，并处五千元以下罚款；情节较轻的，处五日以下拘留或者五千元以下罚款。

第四十九条　胁迫、诱骗或者利用他人乞讨的，处十日以上十五日以下拘留，可以并处二千元以下罚款。

反复纠缠、强行讨要或者以其他滋扰他人的方式乞讨的，处五日以下拘留或者警告。

第五十条　有下列行为之一的，处五日以下拘留或者一千元以下罚款；情节较重的，处五日以上十日以下拘留，可以并处一千元以下罚款：

（一）写恐吓信或者以其他方法威胁他人人身安全的；

（二）公然侮辱他人或者捏造事实诽谤他人的；

（三）捏造事实诬告陷害他人，企图使他人受到刑事追究或者受到治安管理处罚的；

（四）对证人及其近亲属进行威胁、侮辱、殴打或者打击报复的；

（五）多次发送淫秽、侮辱、恐吓等信息或者采取滋扰、纠缠、跟踪等方法，干扰他人正常生活的；

（六）偷窥、偷拍、窃听、散布他人隐私的。

有前款第五项规定的滋扰、纠缠、跟踪行为的，除依照前款规定给予处罚外,经公安机关负责人批准,可以责令其一定期限内禁止接触被侵害人。对违反禁止接触规定的,处五日以上十日以下拘留,可以并处一千元以下罚款。

第五十一条 殴打他人的,或者故意伤害他人身体的,处五日以上十日以下拘留,并处五百元以上一千元以下罚款;情节较轻的,处五日以下拘留或者一千元以下罚款。

有下列情形之一的,处十日以上十五日以下拘留,并处一千元以上二千元以下罚款:

(一)结伙殴打、伤害他人的;

(二)殴打、伤害残疾人、孕妇、不满十四周岁的人或者七十周岁以上的人的;

(三)多次殴打、伤害他人或者一次殴打、伤害多人的。

第五十二条 猥亵他人的,处五日以上十日以下拘留;猥亵精神病人、智力残疾人、不满十四周岁的人或者有其他严重情节的,处十日以上十五日以下拘留。

在公共场所故意裸露身体隐私部位的,处警告或者五百元以下罚款;情节恶劣的,处五日以上十日以下拘留。

第五十三条 有下列行为之一的,处五日以下拘留或者警告;情节较重的,处五日以上十日以下拘留,可以并处一千元以下罚款:

(一)虐待家庭成员,被虐待人或者其监护人要求处理的;

(二)对未成年人、老年人、患病的人、残疾人等负有监护、看护职

责的人虐待被监护、看护的人的;

(三)遗弃没有独立生活能力的被扶养人的。

第五十四条 强买强卖商品,强迫他人提供服务或者强迫他人接受服务的,处五日以上十日以下拘留,并处三千元以上五千元以下罚款;情节较轻的,处五日以下拘留或者一千元以下罚款。

第五十五条 煽动民族仇恨、民族歧视,或者在出版物、信息网络中刊载民族歧视、侮辱内容的,处十日以上十五日以下拘留,可以并处三千元以下罚款;情节较轻的,处五日以下拘留或者三千元以下罚款。

第五十六条 违反国家有关规定,向他人出售或者提供个人信息的,处十日以上十五日以下拘留;情节较轻的,处五日以下拘留。

窃取或者以其他方法非法获取个人信息的,依照前款的规定处罚。

第五十七条 冒领、隐匿、毁弃、倒卖、私自开拆或者非法检查他人邮件、快件的,处警告或者一千元以下罚款;情节较重的,处五日以上十日以下拘留。

第五十八条 盗窃、诈骗、哄抢、抢夺或者敲诈勒索的,处五日以上十日以下拘留或者二千元以下罚款;情节较重的,处十日以上十五日以下拘留,可以并处三千元以下罚款。

第五十九条 故意损毁公私财物的,处五日以下拘留或者一千元以下罚款;情节较重的,处五日以上十日以下拘留,可以并处三千元以下罚款。

第六十条 以殴打、侮辱、恐吓等方式实施学生欺凌,违反治安管理的,公安机关应当依照本法、《中华人民共和国预防未成年人犯罪法》的规定,给予治安管理处罚、采取相应矫治教育等措施。

学校违反有关法律法规规定,明知发生严重的学生欺凌或者明知发生其他侵害未成年学生的犯罪,不按规定报告或者处置的,责令改正,对其直接负责的主管人员和其他直接责任人员,建议有关部门依法予以处分。

第四节 妨害社会管理的行为和处罚

第六十一条 有下列行为之一的,处警告或者五百元以下罚款;情节严重的,处五日以上十日以下拘留,可以并处一千元以下罚款:

(一)拒不执行人民政府在紧急状态情况下依法发布的决定、命令的;

(二)阻碍国家机关工作人员依法执行职务的;

(三)阻碍执行紧急任务的消防车、救护车、工程抢险车、警车或者执行上述紧急任务的专用船舶通行的;

(四)强行冲闯公安机关设置的警戒带、警戒区或者检查点的。

阻碍人民警察依法执行职务的,从重处罚。

第六十二条 冒充国家机关工作人员招摇撞骗的,处十日以上十五日以下拘留,可以并处一千元以下罚款;情节较轻的,处五日以上十日以下拘留。

冒充军警人员招摇撞骗的,从重处罚。

盗用、冒用个人、组织的身份、名义或者以其他虚假身份招摇撞骗的,处五日以下拘留或者一千元以下罚款;情节较重的,处五日以上十日以下拘留,可以并处一千元以下罚款。

第六十三条 有下列行为之一的,处十日以上十五日以下拘留,可以并处五千元以下罚款;情节较轻的,处五日以上十日以下拘留,可以并处三千元以下罚款:

(一)伪造、变造或者买卖国家机关、人民团体、企业、事业单位或者其他组织的公文、证件、证明文件、印章的;

(二)出租、出借国家机关、人民团体、企业、事业单位或者其他组织的公文、证件、证明文件、印章供他人非法使用的;

(三)买卖或者使用伪造、变造的国家机关、人民团体、企业、事业单位或者其他组织的公文、证件、证明文件、印章的;

(四)伪造、变造或者倒卖车票、船票、航空客票、文艺演出票、体育比赛入场券或者其他有价票证、凭证的;

(五)伪造、变造船舶户牌,买卖或者使用伪造、变造的船舶户牌,或者涂改船舶发动机号码的。

第六十四条 船舶擅自进入、停靠国家禁止、限制进入的水域或者岛屿的,对船舶负责人及有关责任人员处一千元以上二千元以下罚款;情节严重的,处五日以下拘留,可以并处二千元以下罚款。

第六十五条 有下列行为之一的,处十日以上十五日以下拘留,可以并处五千元以下罚款;情节较轻的,处五日以上十日以下拘留或者一千元以上三千元以下罚款:

(一)违反国家规定,未经注册登记,以社会团体、基金会、社会服务机构等社会组织名义进行活动,被取缔后,仍进行活动的;

(二)被依法撤销登记或者吊销登记证书的社会团体、基金会、社会服务机构等社会组织,仍以原社会组织名义进行活动的;

(三)未经许可,擅自经营按照国家规定需要由公安机关许可的行业的。

有前款第三项行为的,予以取缔。被取缔一年以内又实施的,处十日以上十五日以下拘留,并处三千元以上五千元以下罚款。

取得公安机关许可的经营者,违反国家有关管理规定,情节严重的,公安机关可以吊销许可证件。

第六十六条 煽动、策划非法集会、游行、示威,不听劝阻的,处十日以上十五日以下拘留。

第六十七条 从事旅馆业经营活动不按规定登记住宿人员姓名、有效身份证件种类和号码等信息的,或者为身份不明、拒绝登记身份信息的人提供住宿服务的,对其直接负责的主管人员和其他直接责任人员处五百元以上一千元以下罚款;情节较轻的,处警告或者五百元以下罚款。

实施前款行为,妨害反恐怖主义工作进行,违反《中华人民共和国反恐怖主义法》规定的，依照其规定处罚。

从事旅馆业经营活动有下列行为之一的，对其直接负责的主管人员和其他直接责任人员处一千元以上三千元以下罚款；情节严重的，处五日以下拘留，可以并处三千元以上五千元以下罚款：

（一）明知住宿人员违反规定将危险物质带入住宿区域，不予制止的；

（二）明知住宿人员是犯罪嫌疑人员或者被公安机关通缉的人员，不向公安机关报告的；

（三）明知住宿人员利用旅馆实施犯罪活动，不向公安机关报告的。

第六十八条 房屋出租人将房屋出租给身份不明、拒绝登记身份信息的人的，或者不按规定登记承租人姓名、有效身份证件种类和号码等信息的，处五百元以上一千元以下罚款；情节较轻的，处警告或者五百元以下罚款。

房屋出租人明知承租人利用出租房屋实施犯罪活动，不向公安机关报告的，处一千元以上三千元以下罚款；情节严重的，处五日以下拘留，可以并处三千元以上五千元以下罚款。

第六十九条 娱乐场所和公章刻制、机动车修理、报废机动车回收行业经营者违反法律法规关于要求登记信息的规定，不登记信息的，处警告；拒不改正或者造成后果的，对其直接负责的主管人员和其他直接责任人员处五日以下拘留或者三千元以下罚款。

第七十条　非法安装、使用、提供窃听、窃照专用器材的,处五日以下拘留或者一千元以上三千元以下罚款;情节较重的,处五日以上十日以下拘留,并处三千元以上五千元以下罚款。

第七十一条　有下列行为之一的,处一千元以上三千元以下罚款;情节严重的,处五日以上十日以下拘留,并处一千元以上三千元以下罚款:

(一)典当业工作人员承接典当的物品,不查验有关证明、不履行登记手续的,或者违反国家规定对明知是违法犯罪嫌疑人、赃物而不向公安机关报告的;

(二)违反国家规定,收购铁路、油田、供电、电信、矿山、水利、测量和城市公用设施等废旧专用器材的;

(三)收购公安机关通报寻查的赃物或者有赃物嫌疑的物品的;

(四)收购国家禁止收购的其他物品的。

第七十二条　有下列行为之一的,处五日以上十日以下拘留,可以并处一千元以下罚款;情节较轻的,处警告或者一千元以下罚款:

(一)隐藏、转移、变卖、擅自使用或者损毁行政执法机关依法扣押、查封、冻结、扣留、先行登记保存的财物的;

(二)伪造、隐匿、毁灭证据或者提供虚假证言、谎报案情,影响行政执法机关依法办案的;

(三)明知是赃物而窝藏、转移或者代为销售的;

(四)被依法执行管制、剥夺政治权利或者在缓刑、暂予监外执行中的罪犯或者被依法采取刑事强制措施的人，有违反法律、行政法规或者国务院有关部门的监督管理规定的行为的。

第七十三条　有下列行为之一的，处警告或者一千元以下罚款；情节较重的，处五日以上十日以下拘留，可以并处一千元以下罚款：

（一）违反人民法院刑事判决中的禁止令或者职业禁止决定的；

（二）拒不执行公安机关依照《中华人民共和国反家庭暴力法》、《中华人民共和国妇女权益保障法》出具的禁止家庭暴力告诫书、禁止性骚扰告诫书的；

（三）违反监察机关在监察工作中、司法机关在刑事诉讼中依法采取的禁止接触证人、鉴定人、被害人及其近亲属保护措施的。

第七十四条　依法被关押的违法行为人脱逃的，处十日以上十五日以下拘留；情节较轻的，处五日以上十日以下拘留。

第七十五条　有下列行为之一的，处警告或者五百元以下罚款；情节较重的，处五日以上十日以下拘留，并处五百元以上一千元以下罚款：

（一）刻划、涂污或者以其他方式故意损坏国家保护的文物、名胜古迹的；

（二）违反国家规定，在文物保护单位附近进行爆破、钻探、挖掘等活动，危及文物安全的。

第七十六条　有下列行为之一的，处一千元以上二千元以下罚款；情节严重的，处十日以上十五日以下拘留，可以并处二千元以下

罚款:

(一)偷开他人机动车的;

(二)未取得驾驶证驾驶或者偷开他人航空器、机动船舶的。

第七十七条 有下列行为之一的,处五日以上十日以下拘留;情节严重的,处十日以上十五日以下拘留,可以并处二千元以下罚款:

(一)故意破坏、污损他人坟墓或者毁坏、丢弃他人尸骨、骨灰的;

(二)在公共场所停放尸体或者因停放尸体影响他人正常生活、工作秩序,不听劝阻的。

第七十八条 卖淫、嫖娼的,处十日以上十五日以下拘留,可以并处五千元以下罚款;情节较轻的,处五日以下拘留或者一千元以下罚款。

在公共场所拉客招嫖的,处五日以下拘留或者一千元以下罚款。

第七十九条 引诱、容留、介绍他人卖淫的,处十日以上十五日以下拘留,可以并处五千元以下罚款;情节较轻的,处五日以下拘留或者一千元以上二千元以下罚款。

第八十条 制作、运输、复制、出售、出租淫秽的书刊、图片、影片、音像制品等淫秽物品或者利用信息网络、电话以及其他通讯工具传播淫秽信息的,处十日以上十五日以下拘留,可以并处五千元以下罚款;情节较轻的,处五日以下拘留或者一千元以上三千元以下罚款。

前款规定的淫秽物品或者淫秽信息中涉及未成年人的,从重处罚。

第八十一条 有下列行为之一的，处十日以上十五日以下拘留，并处一千元以上二千元以下罚款：

（一）组织播放淫秽音像的；

（二）组织或者进行淫秽表演的；

（三）参与聚众淫乱活动的。

明知他人从事前款活动，为其提供条件的，依照前款的规定处罚。

组织未成年人从事第一款活动的，从重处罚。

第八十二条 以营利为目的，为赌博提供条件的，或者参与赌博赌资较大的，处五日以下拘留或者一千元以下罚款；情节严重的，处十日以上十五日以下拘留，并处一千元以上五千元以下罚款。

第八十三条 有下列行为之一的，处十日以上十五日以下拘留，可以并处五千元以下罚款；情节较轻的，处五日以下拘留或者一千元以下罚款：

（一）非法种植罂粟不满五百株或者其他少量毒品原植物的；

（二）非法买卖、运输、携带、持有少量未经灭活的罂粟等毒品原植物种子或者幼苗的；

（三）非法运输、买卖、储存、使用少量罂粟壳的。

有前款第一项行为，在成熟前自行铲除的，不予处罚。

第八十四条 有下列行为之一的，处十日以上十五日以下拘留，

可以并处三千元以下罚款;情节较轻的,处五日以下拘留或者一千元以下罚款:

(一)非法持有鸦片不满二百克、海洛因或者甲基苯丙胺不满十克或者其他少量毒品的;

(二)向他人提供毒品的;

(三)吸食、注射毒品的;

(四)胁迫、欺骗医务人员开具麻醉药品、精神药品的。

聚众、组织吸食、注射毒品的,对首要分子、组织者依照前款的规定从重处罚。

吸食、注射毒品的,可以同时责令其六个月至一年以内不得进入娱乐场所、不得擅自接触涉及毒品违法犯罪人员。违反规定的,处五日以下拘留或者一千元以下罚款。

第八十五条　引诱、教唆、欺骗或者强迫他人吸食、注射毒品的,处十日以上十五日以下拘留,并处一千元以上五千元以下罚款。

容留他人吸食、注射毒品或者介绍买卖毒品的,处十日以上十五日以下拘留,可以并处三千元以下罚款;情节较轻的,处五日以下拘留或者一千元以下罚款。

第八十六条　违反国家规定,非法生产、经营、购买、运输用于制造毒品的原料、配剂的,处十日以上十五日以下拘留;情节较轻的,处五日以上十日以下拘留。

第八十七条　旅馆业、饮食服务业、文化娱乐业、出租汽车业等单位的人员,在公安机关查处吸毒、赌博、卖淫、嫖娼活动时,为违法犯罪行为人通风报信的,或者以其他方式为上述活动提供条件的,处十日以上十五日以下拘留;情节较轻的,处五日以下拘留或者一千元以上二千元以下罚款。

第八十八条 违反关于社会生活噪声污染防治的法律法规规定,产生社会生活噪声,经基层群众性自治组织、业主委员会、物业服务人、有关部门依法劝阻、调解和处理未能制止,继续干扰他人正常生活、工作和学习的,处五日以下拘留或者一千元以下罚款;情节严重的,处五日以上十日以下拘留,可以并处一千元以下罚款。

第八十九条 饲养动物,干扰他人正常生活的,处警告;警告后不改正的,或者放任动物恐吓他人的,处一千元以下罚款。

违反有关法律、法规、规章规定,出售、饲养烈性犬等危险动物的,处警告;警告后不改正的,或者致使动物伤害他人的,处五日以下拘留或者一千元以下罚款;情节较重的,处五日以上十日以下拘留。

未对动物采取安全措施,致使动物伤害他人的,处一千元以下罚款;情节较重的,处五日以上十日以下拘留。

驱使动物伤害他人的,依照本法第五十一条的规定处罚。

第四章 处罚程序

第一节 调 查

第九十条 公安机关对报案、控告、举报或者违反治安管理行为人主动投案，以及其他国家机关移送的违反治安管理案件，应当立即立案并进行调查；认为不属于违反治安管理行为的，应当告知报案人、控告人、举报人、投案人，并说明理由。

第九十一条 公安机关及其人民警察对治安案件的调查，应当依法进行。严禁刑讯逼供或者采用威胁、引诱、欺骗等非法手段收集证据。

以非法手段收集的证据不得作为处罚的根据。

第九十二条 公安机关办理治安案件，有权向有关单位和个人收集、调取证据。有关单位和个人应当如实提供证据。

公安机关向有关单位和个人收集、调取证据时，应当告知其必须如实提供证据，以及伪造、隐匿、毁灭证据或者提供虚假证言应当承担的法律责任。

第九十三条 在办理刑事案件过程中以及其他执法办案机关在移送案件前依法收集的物证、书证、视听资料、电子数据等证据材料，可以作为治安案件的证据使用。

第九十四条 公安机关及其人民警察在办理治安案件时，对涉及的国家秘密、商业秘密、个人隐私或者个人信息，应当予以保密。

第九十五条 人民警察在办理治安案件过程中，遇有下列情形之一的，应当回避；违反治安管理行为人、被侵害人或者其法定代理人也有权要求他们回避：

（一）是本案当事人或者当事人的近亲属的；

（二）本人或者其近亲属与本案有利害关系的；

（三）与本案当事人有其他关系，可能影响案件公正处理的。

人民警察的回避，由其所属的公安机关决定；公安机关负责人的回避，由上一级公安机关决定。

第九十六条 需要传唤违反治安管理行为人接受调查的，经公安机关办案部门负责人批准，使用传唤证传唤。对现场发现的违反治安管理行为人，人民警察经出示人民警察证，可以口头传唤，但应当在询问笔录中注明。

公安机关应当将传唤的原因和依据告知被传唤人。对无正当理由不接受传唤或者逃避传唤的人，经公安机关办案部门负责人批准，可以强制传唤。

第九十七条 对违反治安管理行为人，公安机关传唤后应当及时询问查证，询问查证的时间不得超过八小时；涉案人数众多、违反治安管理行为人身份不明的，询问查证的时间不得超过十二小时；情况复杂，依照本法规定可能适用行政拘留处罚的，询问查证的时间不得超过二十四小时。在执法办案场所询问违反治安管理行为人，应当全程同步录音录像。

公安机关应当及时将传唤的原因和处所通知被传唤人家属。

询问查证期间，公安机关应当保证违反治安管理行为人的饮食、必要的休息时间等正当需求。

第九十八条 询问笔录应当交被询问人核对；对没有阅读能力

的,应当向其宣读。记载有遗漏或者差错的,被询问人可以提出补充或者更正。被询问人确认笔录无误后,应当签名、盖章或者按指印,询问的人民警察也应当在笔录上签名。

被询问人要求就被询问事项自行提供书面材料的,应当准许;必要时,人民警察也可以要求被询问人自行书写。

询问不满十八周岁的违反治安管理行为人,应当通知其父母或者其他监护人到场;其父母或者其他监护人不能到场的,也可以通知其他成年亲属,所在学校、单位、居住地基层组织或者未成年人保护组织的代表等合适成年人到场,并将有关情况记录在案。确实无法通知或者通知后未到场的,应当在笔录中注明。

第九十九条 人民警察询问被侵害人或者其他证人,可以在现场进行,也可以到其所在单位、住处或者其提出的地点进行;必要时,也可以通知其到公安机关提供证言。

人民警察在公安机关以外询问被侵害人或者其他证人,应当出示人民警察证。

询问被侵害人或者其他证人,同时适用本法第九十八条的规定。

第一百条 违反治安管理行为人、被侵害人或者其他证人在异地的,公安机关可以委托异地公安机关代为询问,也可以通过公安机关的视频系统远程询问。

通过远程视频方式询问的,应当向被询问人宣读询问笔录,被询问人确认笔录无误后,询问的人民警察应当在笔录上注明。询问和宣读过程应当全程同步录音录像。

第一百零一条 询问聋哑的违反治安管理行为人、被侵害人或者其他证人，应当有通晓手语等交流方式的人提供帮助，并在笔录上注明。

询问不通晓当地通用的语言文字的违反治安管理行为人、被侵害人或者其他证人，应当配备翻译人员，并在笔录上注明。

第一百零二条 为了查明案件事实，确定违反治安管理行为人、被侵害人的某些特征、伤害情况或者生理状态，需要对其人身进行检查，提取或者采集肖像、指纹信息和血液、尿液等生物样本的，经公安机关办案部门负责人批准后进行。对已经提取、采集的信息或者样本，不得重复提取、采集。提取或者采集被侵害人的信息或者样本，应当征得被侵害人或者其监护人同意。

第一百零三条 公安机关对与违反治安管理行为有关的场所或者违反治安管理行为人的人身、物品可以进行检查。检查时，人民警察不得少于二人，并应当出示人民警察证。

对场所进行检查的，经县级以上人民政府公安机关负责人批准，使用检查证检查；对确有必要立即进行检查的，人民警察经出示人民警察证，可以当场检查，并应当全程同步录音录像。检查公民住所应当出示县级以上人民政府公安机关开具的检查证。

检查妇女的身体，应当由女性工作人员或者医师进行。

第一百零四条 检查的情况应当制作检查笔录，由检查人、被检查人和见证人签名、盖章或者按指印;被检查人不在场或者被检查人、见证人拒绝签名的,人民警察应当在笔录上注明。

第一百零五条 公安机关办理治安案件,对与案件有关的需要作为证据的物品,可以扣押;对被侵害人或者善意第三人合法占有的财产,不得扣押,应当予以登记,但是对其中与案件有关的必须鉴定的物品,可以扣押,鉴定后应当立即解除。对与案件无关的物品,不得扣押。

对扣押的物品,应当会同在场见证人和被扣押物品持有人查点清楚,当场开列清单一式二份,由调查人员、见证人和持有人签名或者盖章,一份交给持有人,另一份附卷备查。

实施扣押前应当报经公安机关负责人批准;因情况紧急或者物品价值不大,当场实施扣押的,人民警察应当及时向其所属公安机关负责人报告,并补办批准手续。公安机关负责人认为不应当扣押的,应当立即解除。当场实施扣押的,应当全程同步录音录像。

对扣押的物品,应当妥善保管,不得挪作他用;对不宜长期保存的物品,按照有关规定处理。经查明与案件无关或者经核实属于被侵害人或者他人合法财产的,应当登记后立即退还;满六个月无人对该财产主张权利或者无法查清权利人的,应当公开拍卖或者按照国家有关规定处理,所得款项上缴国库。

第一百零六条 为了查明案情,需要解决案件中有争议的专门性问题的,应当指派或者聘请具有专门知识的人员进行鉴定;鉴定人鉴定后,应当写出鉴定意见,并且签名。

第一百零七条 为了查明案情,人民警察可以让违反治安管理行为人、被侵害人和其他证人对与违反治安管理行为有关的场所、物品进行辨认,也可以让被侵害人、其他证人对违反治安管理行为人进行辨认,或者让违反治安管理行为人对其他违反治安管理行为人进行辨认。

辨认应当制作辨认笔录,由人民警察和辨认人签名、盖章或者按指印。

第一百零八条 公安机关进行询问、辨认、勘验,实施行政强制措施等调查取证工作时,人民警察不得少于二人。

公安机关在规范设置、严格管理的执法办案场所进行询问、扣押、辨认的,或者进行调解的,可以由一名人民警察进行。

依照前款规定由一名人民警察进行询问、扣押、辨认、调解的,应当全程同步录音录像。未按规定全程同步录音录像或者录音录像资料损毁、丢失的,相关证据不能作为处罚的根据。

第二节 决 定

第一百零九条 治安管理处罚由县级以上地方人民政府公安机关决定;其中警告、一千元以下的罚款,可以由公安派出所决定。

第一百一十条 对决定给予行政拘留处罚的人,在处罚前已经采取强制措施限制人身自由的时间,应当折抵。限制人身自由一日,折抵行政拘留一日。

第一百一十一条 公安机关查处治安案件,对没有本人陈述,但其他证据能够证明案件事实的,可以作出治安管理处罚决定。但是,只有本人陈述,没有其他证据证明的,不能作出治安管理处罚决定。

第一百一十二条 公安机关作出治安管理处罚决定前,应当告知违反治安管理行为人拟作出治安管理处罚的内容及事实、理由、依据,并告知违反治安管理行为人依法享有的权利。

违反治安管理行为人有权陈述和申辩。公安机关必须充分听取违反治安管理行为人的意见,对违反治安管理行为人提出的事实、理由和证据,应当进行复核;违反治安管理行为人提出的事实、理由或者证据成立的,公安机关应当采纳。

违反治安管理行为人不满十八周岁的,还应当依照前两款的规定告知未成年人的父母或者其他监护人,充分听取其意见。

公安机关不得因违反治安管理行为人的陈述、申辩而加重其处罚。

第一百一十三条 治安案件调查结束后,公安机关应当根据不同情况,分别作出以下处理:

(一)确有依法应当给予治安管理处罚的违法行为的,根据情节轻重及具体情况,作出处罚决定;

(二)依法不予处罚的,或者违法事实不能成立的,作出不予处罚决定;

（三）违法行为已涉嫌犯罪的，移送有关主管机关依法追究刑事责任；

（四）发现违反治安管理行为人有其他违法行为的，在对违反治安管理行为作出处罚决定的同时，通知或者移送有关主管机关处理。

对情节复杂或者重大违法行为给予治安管理处罚，公安机关负责人应当集体讨论决定。

第一百一十四条　有下列情形之一的，在公安机关作出治安管理处罚决定之前，应当由从事治安管理处罚决定法制审核的人员进行法制审核；未经法制审核或者审核未通过的，不得作出决定：

（一）涉及重大公共利益的；

（二）直接关系当事人或者第三人重大权益，经过听证程序的；

（三）案件情况疑难复杂、涉及多个法律关系的。

公安机关中初次从事治安管理处罚决定法制审核的人员，应当通过国家统一法律职业资格考试取得法律职业资格。

第一百一十五条　公安机关作出治安管理处罚决定的，应当制作治安管理处罚决定书。决定书应当载明下列内容：

（一）被处罚人的姓名、性别、年龄、身份证件的名称和号码、住址；

（二）违法事实和证据；

（三）处罚的种类和依据；

（四）处罚的执行方式和期限；

(五)对处罚决定不服,申请行政复议、提起行政诉讼的途径和期限;

(六)作出处罚决定的公安机关的名称和作出决定的日期。

决定书应当由作出处罚决定的公安机关加盖印章。

第一百一十六条 公安机关应当向被处罚人宣告治安管理处罚决定书,并当场交付被处罚人;无法当场向被处罚人宣告的,应当在二日以内送达被处罚人。决定给予行政拘留处罚的,应当及时通知被处罚人的家属。

有被侵害人的,公安机关应当将决定书送达被侵害人。

第一百一十七条 公安机关作出吊销许可证件、处四千元以上罚款的治安管理处罚决定或者采取责令停业整顿措施前,应当告知违反治安管理行为人有权要求举行听证;违反治安管理行为人要求听证的,公安机关应当及时依法举行听证。

对依照本法第二十三条第二款规定可能执行行政拘留的未成年人,公安机关应当告知未成年人和其监护人有权要求举行听证;未成年人和其监护人要求听证的,公安机关应当及时依法举行听证。对未成年人案件的听证不公开举行。

前两款规定以外的案情复杂或者具有重大社会影响的案件,违反治安管理行为人要求听证,公安机关认为必要的,应当及时依法举行听证。

公安机关不得因违反治安管理行为人要求听证而加重其处罚。

第一百一十八条 公安机关办理治安案件的期限，自立案之日起不得超过三十日；案情重大、复杂的，经上一级公安机关批准，可以延长三十日。期限延长以二次为限。公安派出所办理的案件需要延长期限的，由所属公安机关批准。

为了查明案情进行鉴定的期间、听证的期间，不计入办理治安案件的期限。

第一百一十九条 违反治安管理行为事实清楚，证据确凿，处警告或者五百元以下罚款的，可以当场作出治安管理处罚决定。

第一百二十条 当场作出治安管理处罚决定的，人民警察应当向违反治安管理行为人出示人民警察证，并填写处罚决定书。处罚决定书应当当场交付被处罚人；有被侵害人的，并应当将决定书送达被侵害人。

前款规定的处罚决定书，应当载明被处罚人的姓名、违法行为、处罚依据、罚款数额、时间、地点以及公安机关名称，并由经办的人民警察签名或者盖章。

适用当场处罚，被处罚人对拟作出治安管理处罚的内容及事实、理由、依据没有异议的，可以由一名人民警察作出治安管理处罚决定，并应当全程同步录音录像。

当场作出治安管理处罚决定的，经办的人民警察应当在二十四小时以内报所属公安机关备案。

第一百二十一条 被处罚人、被侵害人对公安机关依照本法规定作出的治安管理处罚决定,作出的收缴、追缴决定,或者采取的有关限制性、禁止性措施等不服的,可以依法申请行政复议或者提起行政诉讼。

第三节 执 行

第一百二十二条 对被决定给予行政拘留处罚的人,由作出决定的公安机关送拘留所执行;执行期满,拘留所应当按时解除拘留,发给解除拘留证明书。

被决定给予行政拘留处罚的人在异地被抓获或者有其他有必要在异地拘留所执行情形的,经异地拘留所主管公安机关批准,可以在异地执行。

第一百二十三条 受到罚款处罚的人应当自收到处罚决定书之日起十五日以内,到指定的银行或者通过电子支付系统缴纳罚款。但是,有下列情形之一的,人民警察可以当场收缴罚款:

(一)被处二百元以下罚款,被处罚人对罚款无异议的;

(二)在边远、水上、交通不便地区,旅客列车上或者口岸,公安机关及其人民警察依照本法的规定作出罚款决定后,被处罚人到指定的银行或者通过电子支付系统缴纳罚款确有困难,经被处罚人提出的;

(三)被处罚人在当地没有固定住所,不当场收缴事后难以执行的。

第一百二十四条　人民警察当场收缴的罚款，应当自收缴罚款之日起二日以内，交至所属的公安机关；在水上、旅客列车上当场收缴的罚款，应当自抵岸或者到站之日起二日以内，交至所属的公安机关；公安机关应当自收到罚款之日起二日以内将罚款缴付指定的银行。

第一百二十五条　人民警察当场收缴罚款的，应当向被处罚人出具省级以上人民政府财政部门统一制发的专用票据；不出具统一制发的专用票据的，被处罚人有权拒绝缴纳罚款。

第一百二十六条　被处罚人不服行政拘留处罚决定，申请行政复议、提起行政诉讼的，遇有参加升学考试、子女出生或者近亲属病危、死亡等情形的，可以向公安机关提出暂缓执行行政拘留的申请。公安机关认为暂缓执行行政拘留不致发生社会危险的，由被处罚人或者其近亲属提出符合本法第一百二十七条规定条件的担保人，或者按每日行政拘留二百元的标准交纳保证金，行政拘留的处罚决定暂缓执行。

正在被执行行政拘留处罚的人遇有参加升学考试、子女出生或者近亲属病危、死亡等情形，被拘留人或者其近亲属申请出所的，由公安机关依照前款规定执行。被拘留人出所的时间不计入拘留期限。

第一百二十七条　担保人应当符合下列条件：

（一）与本案无牵连；

(二)享有政治权利,人身自由未受到限制;

(三)在当地有常住户口和固定住所;

(四)有能力履行担保义务。

第一百二十八条 担保人应当保证被担保人不逃避行政拘留处罚的执行。

担保人不履行担保义务,致使被担保人逃避行政拘留处罚的执行的,处三千元以下罚款。

第一百二十九条 被决定给予行政拘留处罚的人交纳保证金,暂缓行政拘留或者出所后,逃避行政拘留处罚的执行的,保证金予以没收并上缴国库,已经作出的行政拘留决定仍应执行。

第一百三十条 行政拘留的处罚决定被撤销,行政拘留处罚开始执行,或者出所后继续执行的,公安机关收取的保证金应当及时退还交纳人。

第五章 执法监督

第一百三十一条 公安机关及其人民警察应当依法、公正、严格、高效办理治安案件,文明执法,不得徇私舞弊、玩忽职守、滥用职权。

第一百三十二条 公安机关及其人民警察办理治安案件,禁止对违反治安管理行为人打骂、虐待或者侮辱。

第一百三十三条 公安机关及其人民警察办理治安案件,应当自觉接受社会和公民的监督。

公安机关及其人民警察办理治安案件，不严格执法或者有违法违纪行为的，任何单位和个人都有权向公安机关或者人民检察院、监察机关检举、控告；收到检举、控告的机关，应当依据职责及时处理。

第一百三十四条 公安机关作出治安管理处罚决定，发现被处罚人是公职人员，依照《中华人民共和国公职人员政务处分法》的规定需要给予政务处分的，应当依照有关规定及时通报监察机关等有关单位。

第一百三十五条 公安机关依法实施罚款处罚，应当依照有关法律、行政法规的规定，实行罚款决定与罚款收缴分离；收缴的罚款应当全部上缴国库，不得返还、变相返还，不得与经费保障挂钩。

第一百三十六条 违反治安管理的记录应当予以封存，不得向任何单位和个人提供或者公开，但有关国家机关为办案需要或者有关单位根据国家规定进行查询的除外。依法进行查询的单位，应当对被封存的违法记录的情况予以保密。

第一百三十七条 公安机关应当履行同步录音录像运行安全管理职责，完善技术措施，定期维护设施设备，保障录音录像设备运行连续、稳定、安全。

第一百三十八条 公安机关及其人民警察不得将在办理治安案件过程中获得的个人信息，依法提取、采集的相关信息、样本用于与治安管理、查处犯罪无关的用途，不得出售、提供给其他单位或者个人。

第一百三十九条 人民警察办理治安案件，有下列行为之一的，依法给予处分；构成犯罪的，依法追究刑事责任：

（一）刑讯逼供、体罚、打骂、虐待、侮辱他人的；

（二）超过询问查证的时间限制人身自由的；

（三）不执行罚款决定与罚款收缴分离制度或者不按规定将罚没的财物上缴国库或者依法处理的；

（四）私分、侵占、挪用、故意损毁所收缴、追缴、扣押的财物的；

（五）违反规定使用或者不及时返还被侵害人财物的；

（六）违反规定不及时退还保证金的；

（七）利用职务上的便利收受他人财物或者谋取其他利益的；

（八）当场收缴罚款不出具专用票据或者不如实填写罚款数额的；

（九）接到要求制止违反治安管理行为的报警后，不及时出警的；

（十）在查处违反治安管理活动时，为违法犯罪行为人通风报信的；

（十一）泄露办理治安案件过程中的工作秘密或者其他依法应当保密的信息的；

（十二）将在办理治安案件过程中获得的个人信息，依法提取、采集的相关信息、样本用于与治安管理、查处犯罪无关的用途，或者出售、提供给其他单位或者个人的；

（十三）剪接、删改、损毁、丢失办理治安案件的同步录音录像资料的；

（十四）有徇私舞弊、玩忽职守、滥用职权，不依法履行法定职责的其他情形的。

办理治安案件的公安机关有前款所列行为的，对负有责任的领导人员和直接责任人员，依法给予处分。

第一百四十条 公安机关及其人民警察违法行使职权，侵犯公民、法人和其他组织合法权益的，应当赔礼道歉；造成损害的，应当依法承担赔偿责任。

第六章 附 则

第一百四十一条 其他法律中规定由公安机关给予行政拘留处罚的，其处罚程序适用本法规定。

公安机关依照《中华人民共和国枪支管理法》、《民用爆炸物品安全管理条例》等直接关系公共安全和社会治安秩序的法律、行政法规实施处罚的，其处罚程序适用本法规定。

本法第三十二条、第三十四条、第四十六条、第五十六条规定给予行政拘留处罚，其他法律、行政法规同时规定给予罚款、没收违法所得、没收非法财物等其他行政处罚的行为，由相关主管部门依照相应规定处罚；需要给予行政拘留处罚的，由公安机关依照本法规定处理。

第一百四十二条 海警机构履行海上治安管理职责,行使本法规定的公安机关的职权,但是法律另有规定的除外。

第一百四十三条 本法所称以上、以下、以内,包括本数。

第一百四十四条 本法自2026年1月1日起施行。

2. 中华人民共和国行政处罚法

（1996年3月17日第八届全国人民代表大会第四次会议通过　根据2009年8月27日第十一届全国人民代表大会常务委员会第十次会议《关于修改部分法律的决定》第一次修正　根据2017年9月1日第十二届全国人民代表大会常务委员会第二十九次会议《关于修改〈中华人民共和国法官法〉等八部法律的决定》第二次修正　2021年1月22日第十三届全国人民代表大会常务委员会第二十五次会议修订）

目　　录

第一章　总　　则

第一条　为了规范行政处罚的设定和实施,保障和监督行政机关有效实施行政管理,维护公共利益和社会秩序,保护公民、法人或者其他组织的合法权益,根据宪法,制定本法。

第二条　行政处罚是指行政机关依法对违反行政管理秩序的公民、法人或者其他组织,以减损权益或者增加义务的方式予以惩戒的行为。

第三条　行政处罚的设定和实施,适用本法。

第四条　公民、法人或者其他组织违反行政管理秩序的行为,应当给予行政处罚的,依照本法由法律、法规、规章规定,并由行政机关依照本法规定的程序实施。

第五条　行政处罚遵循公正、公开的原则。

设定和实施行政处罚必须以事实为依据,与违法行为的事实、性质、情节以及社会危害程度相当。

对违法行为给予行政处罚的规定必须公布;未经公布的,不得作为行政处罚的依据。

第六条　实施行政处罚,纠正违法行为,应当坚持处罚与教育相结合,教育公民、法人或者其他组织自觉守法。

第七条　公民、法人或者其他组织对行政机关所给予的行政处罚,享有陈述权、申辩权;对行政处罚不服的,有权依法申请行政复议或者提起行政诉讼。

公民、法人或者其他组织因行政机关违法给予行政处罚受到损害的,有权依法提出赔偿要求。

第八条　公民、法人或者其他组织因违法行为受到行政处罚,其违法行为对他人造成损害的,应当依法承担民事责任。

违法行为构成犯罪,应当依法追究刑事责任的,不得以行政处罚代替刑事处罚。

第二章　行政处罚的种类和设定

第九条　行政处罚的种类:

(一)警告、通报批评;

(二)罚款、没收违法所得、没收非法财物;

(三)暂扣许可证件、降低资质等级、吊销许可证件;

(四)限制开展生产经营活动、责令停产停业、责令关闭、限制从业;

(五)行政拘留;

(六)法律、行政法规规定的其他行政处罚。

第十条 法律可以设定各种行政处罚。

限制人身自由的行政处罚,只能由法律设定。

第十一条 行政法规可以设定除限制人身自由以外的行政处罚。

法律对违法行为已经作出行政处罚规定,行政法规需要作出具体规定的,必须在法律规定的给予行政处罚的行为、种类和幅度的范围内规定。

法律对违法行为未作出行政处罚规定,行政法规为实施法律,可以补充设定行政处罚。拟补充设定行政处罚的,应当通过听证会、论证会等形式广泛听取意见,并向制定机关作出书面说明。行政法规报送备案时,应当说明补充设定行政处罚的情况。

第十二条 地方性法规可以设定除限制人身自由、吊销营业执照以外的行政处罚。

法律、行政法规对违法行为已经作出行政处罚规定,地方性法规需要作出具体规定的,必须在法律、行政法规规定的给予行政处罚的行为、种类和幅度的范围内规定。

法律、行政法规对违法行为未作出行政处罚规定,地方性法规为实施法律、行政法规,可以补充设定行政处罚。拟补充设定行政处罚的,应当通过听证会、论证会等形式广泛听取意见,并向制定机关作出书面说明。地方性法规报送备案时，应当说明补充设定行政处罚的情况。

第十三条　国务院部门规章可以在法律、行政法规规定的给予行政处罚的行为、种类和幅度的范围内作出具体规定。

尚未制定法律、行政法规的，国务院部门规章对违反行政管理秩序的行为，可以设定警告、通报批评或者一定数额罚款的行政处罚。罚款的限额由国务院规定。

第十四条　地方政府规章可以在法律、法规规定的给予行政处罚的行为、种类和幅度的范围内作出具体规定。

尚未制定法律、法规的，地方政府规章对违反行政管理秩序的行为，可以设定警告、通报批评或者一定数额罚款的行政处罚。罚款的限额由省、自治区、直辖市人民代表大会常务委员会规定。

第十五条　国务院部门和省、自治区、直辖市人民政府及其有关部门应当定期组织评估行政处罚的实施情况和必要性，对不适当的行政处罚事项及种类、罚款数额等，应当提出修改或者废止的建议。

第十六条　除法律、法规、规章外，其他规范性文件不得设定行政处罚。

第三章　行政处罚的实施机关

第十七条　行政处罚由具有行政处罚权的行政机关在法定职权范围内实施。

第十八条 国家在城市管理、市场监管、生态环境、文化市场、交通运输、应急管理、农业等领域推行建立综合行政执法制度，相对集中行政处罚权。

国务院或者省、自治区、直辖市人民政府可以决定一个行政机关行使有关行政机关的行政处罚权。

限制人身自由的行政处罚权只能由公安机关和法律规定的其他机关行使。

第十九条 法律、法规授权的具有管理公共事务职能的组织可以在法定授权范围内实施行政处罚。

第二十条 行政机关依照法律、法规、规章的规定，可以在其法定权限内书面委托符合本法第二十一条规定条件的组织实施行政处罚。行政机关不得委托其他组织或者个人实施行政处罚。

委托书应当载明委托的具体事项、权限、期限等内容。委托行政机关和受委托组织应当将委托书向社会公布。

委托行政机关对受委托组织实施行政处罚的行为应当负责监督，并对该行为的后果承担法律责任。

受委托组织在委托范围内，以委托行政机关名义实施行政处罚；不得再委托其他组织或者个人实施行政处罚。

第二十一条 受委托组织必须符合以下条件：

（一）依法成立并具有管理公共事务职能；

（二）有熟悉有关法律、法规、规章和业务并取得行政执法资格的工作人员；

（三）需要进行技术检查或者技术鉴定的，应当有条件组织进行相应的技术检查或者技术鉴定。

第四章 行政处罚的管辖和适用

第二十二条 行政处罚由违法行为发生地的行政机关管辖。法律、行政法规、部门规章另有规定的，从其规定。

第二十三条 行政处罚由县级以上地方人民政府具有行政处罚权的行政机关管辖。法律、行政法规另有规定的，从其规定。

第二十四条 省、自治区、直辖市根据当地实际情况，可以决定将基层管理迫切需要的县级人民政府部门的行政处罚权交由能够有效承接的乡镇人民政府、街道办事处行使，并定期组织评估。决定应当公布。

承接行政处罚权的乡镇人民政府、街道办事处应当加强执法能力建设，按照规定范围、依照法定程序实施行政处罚。

有关地方人民政府及其部门应当加强组织协调、业务指导、执法监督，建立健全行政处罚协调配合机制，完善评议、考核制度。

第二十五条 两个以上行政机关都有管辖权的，由最先立案的行政机关管辖。

对管辖发生争议的，应当协商解决，协商不成的，报请共同的上一级行政机关指定管辖；也可以直接由共同的上一级行政机关指定管辖。

第二十六条 行政机关因实施行政处罚的需要,可以向有关机关提出协助请求。协助事项属于被请求机关职权范围内的,应当依法予以协助。

第二十七条 违法行为涉嫌犯罪的,行政机关应当及时将案件移送司法机关,依法追究刑事责任。对依法不需要追究刑事责任或者免予刑事处罚,但应当给予行政处罚的,司法机关应当及时将案件移送有关行政机关。

行政处罚实施机关与司法机关之间应当加强协调配合,建立健全案件移送制度,加强证据材料移交、接收衔接,完善案件处理信息通报机制。

第二十八条 行政机关实施行政处罚时,应当责令当事人改正或者限期改正违法行为。

当事人有违法所得,除依法应当退赔的外,应当予以没收。违法所得是指实施违法行为所取得的款项。法律、行政法规、部门规章对违法所得的计算另有规定的,从其规定。

第二十九条 对当事人的同一个违法行为,不得给予两次以上罚款的行政处罚。同一个违法行为违反多个法律规范应当给予罚款处罚的,按照罚款数额高的规定处罚。

第三十条 不满十四周岁的未成年人有违法行为的,不予行政处罚,责令监护人加以管教;已满十四周岁不满十八周岁的未成年人有违法行为的,应当从轻或者减轻行政处罚。

第三十一条 精神病人、智力残疾人在不能辨认或者不能控制自己行为时有违法行为的,不予行政处罚,但应当责令其监护人严加看管和治疗。间歇性精神病人在精神正常时有违法行为的,应当给予行政处罚。尚未完全丧失辨认或者控制自己行为能力的精神病人、智力残疾人有违法行为的,可以从轻或者减轻行政处罚。

第三十二条 当事人有下列情形之一,应当从轻或者减轻行政处罚:

(一)主动消除或者减轻违法行为危害后果的;

(二)受他人胁迫或者诱骗实施违法行为的;

(三)主动供述行政机关尚未掌握的违法行为的;

(四)配合行政机关查处违法行为有立功表现的;

(五)法律、法规、规章规定其他应当从轻或者减轻行政处罚的。

第三十三条 违法行为轻微并及时改正,没有造成危害后果的,不予行政处罚。初次违法且危害后果轻微并及时改正的,可以不予行政处罚。

当事人有证据足以证明没有主观过错的,不予行政处罚。法律、行政法规另有规定的,从其规定。

对当事人的违法行为依法不予行政处罚的,行政机关应当对当事人进行教育。

第三十四条 行政机关可以依法制定行政处罚裁量基准,规范行使行政处罚裁量权。行政处罚裁量基准应当向社会公布。

第三十五条 违法行为构成犯罪,人民法院判处拘役或者有期徒刑时,行政机关已经给予当事人行政拘留的,应当依法折抵相应刑期。

违法行为构成犯罪,人民法院判处罚金时,行政机关已经给予当事人罚款的,应当折抵相应罚金;行政机关尚未给予当事人罚款的,不再给予罚款。

第三十六条 违法行为在二年内未被发现的,不再给予行政处罚;涉及公民生命健康安全、金融安全且有危害后果的,上述期限延长至五年。法律另有规定的除外。

前款规定的期限,从违法行为发生之日起计算;违法行为有连续或者继续状态的,从行为终了之日起计算。

第三十七条 实施行政处罚,适用违法行为发生时的法律、法规、规章的规定。但是,作出行政处罚决定时,法律、法规、规章已被修改或者废止,且新的规定处罚较轻或者不认为是违法的,适用新的规定。

第三十八条 行政处罚没有依据或者实施主体不具有行政主体资格的,行政处罚无效。

违反法定程序构成重大且明显违法的,行政处罚无效。

第五章　行政处罚的决定

第一节　一般规定

第三十九条　行政处罚的实施机关、立案依据、实施程序和救济渠道等信息应当公示。

第四十条　公民、法人或者其他组织违反行政管理秩序的行为，依法应当给予行政处罚的，行政机关必须查明事实；违法事实不清、证据不足的，不得给予行政处罚。

第四十一条　行政机关依照法律、行政法规规定利用电子技术监控设备收集、固定违法事实的，应当经过法制和技术审核，确保电子技术监控设备符合标准、设置合理、标志明显，设置地点应当向社会公布。

电子技术监控设备记录违法事实应当真实、清晰、完整、准确。行政机关应当审核记录内容是否符合要求；未经审核或者经审核不符合要求的，不得作为行政处罚的证据。

行政机关应当及时告知当事人违法事实，并采取信息化手段或者其他措施，为当事人查询、陈述和申辩提供便利。不得限制或者变相限制当事人享有的陈述权、申辩权。

第四十二条　行政处罚应当由具有行政执法资格的执法人员实施。执法人员不得少于两人，法律另有规定的除外。

执法人员应当文明执法,尊重和保护当事人合法权益。

第四十三条 执法人员与案件有直接利害关系或者有其他关系可能影响公正执法的,应当回避。

当事人认为执法人员与案件有直接利害关系或者有其他关系可能影响公正执法的,有权申请回避。

当事人提出回避申请的,行政机关应当依法审查,由行政机关负责人决定。决定作出之前,不停止调查。

第四十四条 行政机关在作出行政处罚决定之前,应当告知当事人拟作出的行政处罚内容及事实、理由、依据,并告知当事人依法享有的陈述、申辩、要求听证等权利。

第四十五条 当事人有权进行陈述和申辩。行政机关必须充分听取当事人的意见,对当事人提出的事实、理由和证据,应当进行复核;当事人提出的事实、理由或者证据成立的,行政机关应当采纳。

行政机关不得因当事人陈述、申辩而给予更重的处罚。

第四十六条 证据包括:

(一)书证;

(二)物证;

(三)视听资料;

(四)电子数据;

(五)证人证言;

(六)当事人的陈述;

（七）鉴定意见；

（八）勘验笔录、现场笔录。

证据必须经查证属实，方可作为认定案件事实的根据。

以非法手段取得的证据，不得作为认定案件事实的根据。

第四十七条 行政机关应当依法以文字、音像等形式，对行政处罚的启动、调查取证、审核、决定、送达、执行等进行全过程记录，归档保存。

第四十八条 具有一定社会影响的行政处罚决定应当依法公开。

公开的行政处罚决定被依法变更、撤销、确认违法或者确认无效的，行政机关应当在三日内撤回行政处罚决定信息并公开说明理由。

第四十九条 发生重大传染病疫情等突发事件，为了控制、减轻和消除突发事件引起的社会危害，行政机关对违反突发事件应对措施的行为，依法快速、从重处罚。

第五十条 行政机关及其工作人员对实施行政处罚过程中知悉的国家秘密、商业秘密或者个人隐私，应当依法予以保密。

第二节 简易程序

第五十一条 违法事实确凿并有法定依据，对公民处以二百元以下、对法人或者其他组织处以三千元以下罚款或者警告的行政处罚的，可以当场作出行政处罚决定。法律另有规定的，从其规定。

第五十二条 执法人员当场作出行政处罚决定的，应当向当事人出示执法证件，填写预定格式、编有号码的行政处罚决定书，并当场交付当事人。当事人拒绝签收的，应当在行政处罚决定书上注明。

前款规定的行政处罚决定书应当载明当事人的违法行为，行政处罚的种类和依据、罚款数额、时间、地点，申请行政复议、提起行政诉讼的途径和期限以及行政机关名称，并由执法人员签名或者盖章。

执法人员当场作出的行政处罚决定，应当报所属行政机关备案。

第五十三条 对当场作出的行政处罚决定，当事人应当依照本法第六十七条至第六十九条的规定履行。

第三节 普通程序

第五十四条 除本法第五十一条规定的可以当场作出的行政处罚外，行政机关发现公民、法人或者其他组织有依法应当给予行政处罚的行为的，必须全面、客观、公正地调查，收集有关证据；必要时，依照法律、法规的规定，可以进行检查。

符合立案标准的，行政机关应当及时立案。

第五十五条 执法人员在调查或者进行检查时，应当主动向当事人或者有关人员出示执法证件。当事人或者有关人员有权要求执法人员出示执法证件。执法人员不出示执法证件的，当事人或者有关人员有权拒绝接受调查或者检查。

当事人或者有关人员应当如实回答询问，并协助调查或者检查，不得拒绝或者阻挠。询问或者检查应当制作笔录。

第五十六条 行政机关在收集证据时,可以采取抽样取证的方法;在证据可能灭失或者以后难以取得的情况下,经行政机关负责人批准,可以先行登记保存,并应当在七日内及时作出处理决定,在此期间,当事人或者有关人员不得销毁或者转移证据。

第五十七条 调查终结,行政机关负责人应当对调查结果进行审查,根据不同情况,分别作出如下决定:

(一)确有应受行政处罚的违法行为的,根据情节轻重及具体情况,作出行政处罚决定;

(二)违法行为轻微,依法可以不予行政处罚的,不予行政处罚;

(三)违法事实不能成立的,不予行政处罚;

(四)违法行为涉嫌犯罪的,移送司法机关。

对情节复杂或者重大违法行为给予行政处罚,行政机关负责人应当集体讨论决定。

第五十八条 有下列情形之一,在行政机关负责人作出行政处罚的决定之前,应当由从事行政处罚决定法制审核的人员进行法制审核;未经法制审核或者审核未通过的,不得作出决定:

(一)涉及重大公共利益的;

(二)直接关系当事人或者第三人重大权益,经过听证程序的;

(三)案件情况疑难复杂、涉及多个法律关系的;

(四)法律、法规规定应当进行法制审核的其他情形。

行政机关中初次从事行政处罚决定法制审核的人员,应当通过国家统一法律职业资格考试取得法律职业资格。

第五十九条 行政机关依照本法第五十七条的规定给予行政处罚,应当制作行政处罚决定书。行政处罚决定书应当载明下列事项:

(一)当事人的姓名或者名称、地址;

(二)违反法律、法规、规章的事实和证据;

(三)行政处罚的种类和依据;

(四)行政处罚的履行方式和期限;

(五)申请行政复议、提起行政诉讼的途径和期限;

(六)作出行政处罚决定的行政机关名称和作出决定的日期。

行政处罚决定书必须盖有作出行政处罚决定的行政机关的印章。

第六十条 行政机关应当自行政处罚案件立案之日起九十日内作出行政处罚决定。法律、法规、规章另有规定的,从其规定。

第六十一条 行政处罚决定书应当在宣告后当场交付当事人;当事人不在场的,行政机关应当在七日内依照《中华人民共和国民事诉讼法》的有关规定,将行政处罚决定书送达当事人。

当事人同意并签订确认书的,行政机关可以采用传真、电子邮件等方式,将行政处罚决定书等送达当事人。

第六十二条 行政机关及其执法人员在作出行政处罚决定之前,未依照本法第四十四条、第四十五条的规定向当事人告知拟作出的行政处罚内容及事实、理由、依据，或者拒绝听取当事人的陈述、申辩，不得作出行政处罚决定；当事人明确放弃陈述或者申辩权利的除外。

第四节　听证程序

第六十三条　行政机关拟作出下列行政处罚决定，应当告知当事人有要求听证的权利，当事人要求听证的，行政机关应当组织听证：

（一）较大数额罚款；

（二）没收较大数额违法所得、没收较大价值非法财物；

（三）降低资质等级、吊销许可证件；

（四）责令停产停业、责令关闭、限制从业；

（五）其他较重的行政处罚；

（六）法律、法规、规章规定的其他情形。

当事人不承担行政机关组织听证的费用。

第六十四条　听证应当依照以下程序组织：

（一）当事人要求听证的，应当在行政机关告知后五日内提出；

（二）行政机关应当在举行听证的七日前，通知当事人及有关人员听证的时间、地点；

（三）除涉及国家秘密、商业秘密或者个人隐私依法予以保密外，听证公开举行；

(四)听证由行政机关指定的非本案调查人员主持;当事人认为主持人与本案有直接利害关系的,有权申请回避;

(五)当事人可以亲自参加听证,也可以委托一至二人代理;

(六)当事人及其代理人无正当理由拒不出席听证或者未经许可中途退出听证的,视为放弃听证权利,行政机关终止听证;

(七)举行听证时,调查人员提出当事人违法的事实、证据和行政处罚建议,当事人进行申辩和质证;

(八)听证应当制作笔录。笔录应当交当事人或者其代理人核对无误后签字或者盖章。当事人或者其代理人拒绝签字或者盖章的,由听证主持人在笔录中注明。

第六十五条　听证结束后,行政机关应当根据听证笔录,依照本法第五十七条的规定,作出决定。

第六章　行政处罚的执行

第六十六条　行政处罚决定依法作出后,当事人应当在行政处罚决定书载明的期限内,予以履行。

当事人确有经济困难,需要延期或者分期缴纳罚款的,经当事人申请和行政机关批准,可以暂缓或者分期缴纳。

第六十七条　作出罚款决定的行政机关应当与收缴罚款的机构分离。

除依照本法第六十八条、第六十九条的规定当场收缴的罚款外,作出行政处罚决定的行政机关及其执法人员不得自行收缴罚款。

当事人应当自收到行政处罚决定书之日起十五日内,到指定的银行或者通过电子支付系统缴纳罚款。银行应当收受罚款,并将罚款直接上缴国库。

第六十八条 依照本法第五十一条的规定当场作出行政处罚决定,有下列情形之一,执法人员可以当场收缴罚款:

(一)依法给予一百元以下罚款的;

(二)不当场收缴事后难以执行的。

第六十九条 在边远、水上、交通不便地区,行政机关及其执法人员依照本法第五十一条、第五十七条的规定作出罚款决定后,当事人到指定的银行或者通过电子支付系统缴纳罚款确有困难,经当事人提出,行政机关及其执法人员可以当场收缴罚款。

第七十条 行政机关及其执法人员当场收缴罚款的,必须向当事人出具国务院财政部门或者省、自治区、直辖市人民政府财政部门统一制发的专用票据;不出具财政部门统一制发的专用票据的,当事人有权拒绝缴纳罚款。

第七十一条 执法人员当场收缴的罚款,应当自收缴罚款之日起二日内,交至行政机关;在水上当场收缴的罚款,应当自抵岸之日起二日内交至行政机关;行政机关应当在二日内将罚款缴付指定的银行。

第七十二条 当事人逾期不履行行政处罚决定的,作出行政处

罚决定的行政机关可以采取下列措施:

(一)到期不缴纳罚款的,每日按罚款数额的百分之三加处罚款,加处罚款的数额不得超出罚款的数额;

(二)根据法律规定,将查封、扣押的财物拍卖、依法处理或者将冻结的存款、汇款划拨抵缴罚款;

(三)根据法律规定,采取其他行政强制执行方式;

(四)依照《中华人民共和国行政强制法》的规定申请人民法院强制执行。

行政机关批准延期、分期缴纳罚款的,申请人民法院强制执行的期限,自暂缓或者分期缴纳罚款期限结束之日起计算。

第七十三条 当事人对行政处罚决定不服,申请行政复议或者提起行政诉讼的,行政处罚不停止执行,法律另有规定的除外。

当事人对限制人身自由的行政处罚决定不服,申请行政复议或者提起行政诉讼的,可以向作出决定的机关提出暂缓执行申请。符合法律规定情形的,应当暂缓执行。

当事人申请行政复议或者提起行政诉讼的,加处罚款的数额在行政复议或者行政诉讼期间不予计算。

第七十四条 除依法应当予以销毁的物品外,依法没收的非法财物必须按照国家规定公开拍卖或者按照国家有关规定处理。

罚款、没收的违法所得或者没收非法财物拍卖的款项,必须全部上缴国库,任何行政机关或者个人不得以任何形式截留、私分或者变相私分。

罚款、没收的违法所得或者没收非法财物拍卖的款项,不得同作出行政处罚决定的行政机关及其工作人员的考核、考评直接或者变相挂钩。除依法应当退还、退赔的外,财政部门不得以任何形式向作出行政处罚决定的行政机关返还罚款、没收的违法所得或者没收非法财物拍卖的款项。

第七十五条 行政机关应当建立健全对行政处罚的监督制度。县级以上人民政府应当定期组织开展行政执法评议、考核,加强对行政处罚的监督检查,规范和保障行政处罚的实施。

行政机关实施行政处罚应当接受社会监督。公民、法人或者其他组织对行政机关实施行政处罚的行为,有权申诉或者检举;行政机关应当认真审查,发现有错误的,应当主动改正。

第七章 法律责任

第七十六条 行政机关实施行政处罚,有下列情形之一,由上级行政机关或者有关机关责令改正,对直接负责的主管人员和其他直接责任人员依法给予处分:

(一)没有法定的行政处罚依据的;

(二)擅自改变行政处罚种类、幅度的;

(三)违反法定的行政处罚程序的;

(四)违反本法第二十条关于委托处罚的规定的;

(五)执法人员未取得执法证件的。

行政机关对符合立案标准的案件不及时立案的,依照前款规定予以处理。

第七十七条 行政机关对当事人进行处罚不使用罚款、没收财物单据或者使用非法定部门制发的罚款、没收财物单据的,当事人有权拒绝,并有权予以检举,由上级行政机关或者有关机关对使用的非法单据予以收缴销毁,对直接负责的主管人员和其他直接责任人员依法给予处分。

第七十八条 行政机关违反本法第六十七条的规定自行收缴罚款的,财政部门违反本法第七十四条的规定向行政机关返还罚款、没收的违法所得或者拍卖款项的,由上级行政机关或者有关机关责令改正,对直接负责的主管人员和其他直接责任人员依法给予处分。

第七十九条 行政机关截留、私分或者变相私分罚款、没收的违法所得或者财物的,由财政部门或者有关机关予以追缴,对直接负责的主管人员和其他直接责任人员依法给予处分;情节严重构成犯罪的,依法追究刑事责任。

执法人员利用职务上的便利,索取或者收受他人财物、将收缴罚款据为己有,构成犯罪的,依法追究刑事责任;情节轻微不构成犯罪的,依法给予处分。

第八十条 行政机关使用或者损毁查封、扣押的财物,对当事人造成损失的,应当依法予以赔偿,对直接负责的主管人员和其他直接责任人员依法给予处分。

第八十一条 行政机关违法实施检查措施或者执行措施,给公民人身或者财产造成损害、给法人或者其他组织造成损失的,应当依法予以赔偿,对直接负责的主管人员和其他直接责任人员依法给予处分;情节严重构成犯罪的,依法追究刑事责任。

第八十二条 行政机关对应当依法移交司法机关追究刑事责任的案件不移交,以行政处罚代替刑事处罚,由上级行政机关或者有关机关责令改正,对直接负责的主管人员和其他直接责任人员依法给予处分;情节严重构成犯罪的,依法追究刑事责任。

第八十三条 行政机关对应当予以制止和处罚的违法行为不予制止、处罚,致使公民、法人或者其他组织的合法权益、公共利益和社会秩序遭受损害的,对直接负责的主管人员和其他直接责任人员依法给予处分;情节严重构成犯罪的,依法追究刑事责任。

第八章 附 则

第八十四条 外国人、无国籍人、外国组织在中华人民共和国领域内有违法行为,应当给予行政处罚的,适用本法,法律另有规定的除外。

第八十五条 本法中“二日”“三日”“五日”“七日”的规定是指工作日,不含法定节假日。

第八十六条 本法自2021年7月15日起施行。

3. 中华人民共和国行政强制法

(2011年6月30日第十一届全国人民代表大会常务委员会第二十一次会议通过)

目　录

第一章　总　　则

第一条　为了规范行政强制的设定和实施，保障和监督行政机关依法履行职责，维护公共利益和社会秩序，保护公民、法人和其他组织的合法权益，根据宪法，制定本法。

第二条　本法所称行政强制，包括行政强制措施和行政强制执行。

行政强制措施，是指行政机关在行政管理过程中，为制止违法行为、防止证据损毁、避免危害发生、控制危险扩大等情形，依法对公民的人身自由实施暂时性限制，或者对公民、法人或者其他组织的财物实施暂时性控制的行为。

行政强制执行，是指行政机关或者行政机关申请人民法院，对不履行行政决定的公民、法人或者其他组织，依法强制履行义务的行为。

第三条　行政强制的设定和实施，适用本法。

发生或者即将发生自然灾害、事故灾难、公共卫生事件或者社会安全事件等突发事件，行政机关采取应急措施或者临时措施，依照有关法律、行政法规的规定执行。

行政机关采取金融业审慎监管措施、进出境货物强制性技术监控措施,依照有关法律、行政法规的规定执行。

第四条 行政强制的设定和实施,应当依照法定的权限、范围、条件和程序。

第五条 行政强制的设定和实施,应当适当。采用非强制手段可以达到行政管理目的的,不得设定和实施行政强制。

第六条 实施行政强制,应当坚持教育与强制相结合。

第七条 行政机关及其工作人员不得利用行政强制权为单位或者个人谋取利益。

第八条 公民、法人或者其他组织对行政机关实施行政强制,享有陈述权、申辩权;有权依法申请行政复议或者提起行政诉讼;因行政机关违法实施行政强制受到损害的,有权依法要求赔偿。

公民、法人或者其他组织因人民法院在强制执行中有违法行为或者扩大强制执行范围受到损害的,有权依法要求赔偿。

第二章 行政强制的种类和设定

第九条 行政强制措施的种类:

(一)限制公民人身自由;

(二)查封场所、设施或者财物;

(三)扣押财物;

(四)冻结存款、汇款;

(五)其他行政强制措施。

第十条　行政强制措施由法律设定。

尚未制定法律，且属于国务院行政管理职权事项的，行政法规可以设定除本法第九条第一项、第四项和应当由法律规定的行政强制措施以外的其他行政强制措施。

尚未制定法律、行政法规，且属于地方性事务的，地方性法规可以设定本法第九条第二项、第三项的行政强制措施。

法律、法规以外的其他规范性文件不得设定行政强制措施。

第十一条　法律对行政强制措施的对象、条件、种类作了规定的，行政法规、地方性法规不得作出扩大规定。

法律中未设定行政强制措施的，行政法规、地方性法规不得设定行政强制措施。但是，法律规定特定事项由行政法规规定具体管理措施的，行政法规可以设定除本法第九条第一项、第四项和应当由法律规定的行政强制措施以外的其他行政强制措施。

第十二条　行政强制执行的方式：

（一）加处罚款或者滞纳金；

（二）划拨存款、汇款；

（三）拍卖或者依法处理查封、扣押的场所、设施或者财物；

（四）排除妨碍、恢复原状；

（五）代履行；

（六）其他强制执行方式。

第十三条　行政强制执行由法律设定。

法律没有规定行政机关强制执行的,作出行政决定的行政机关应当申请人民法院强制执行。

第十四条 起草法律草案、法规草案,拟设定行政强制的,起草单位应当采取听证会、论证会等形式听取意见,并向制定机关说明设定该行政强制的必要性、可能产生的影响以及听取和采纳意见的情况。

第十五条 行政强制的设定机关应当定期对其设定的行政强制进行评价,并对不适当的行政强制及时予以修改或者废止。

行政强制的实施机关可以对已设定的行政强制的实施情况及存在的必要性适时进行评价,并将意见报告该行政强制的设定机关。

公民、法人或者其他组织可以向行政强制的设定机关和实施机关就行政强制的设定和实施提出意见和建议。有关机关应当认真研究论证,并以适当方式予以反馈。

第三章 行政强制措施实施程序

第一节 一般规定

第十六条 行政机关履行行政管理职责,依照法律、法规的规定,实施行政强制措施。

违法行为情节显著轻微或者没有明显社会危害的,可以不采取行政强制措施。

第十七条 行政强制措施由法律、法规规定的行政机关在法定职权范围内实施。行政强制措施权不得委托。

依据《中华人民共和国行政处罚法》的规定行使相对集中行政处罚权的行政机关,可以实施法律、法规规定的与行政处罚权有关的行政强制措施。

行政强制措施应当由行政机关具备资格的行政执法人员实施,其他人员不得实施。

第十八条 行政机关实施行政强制措施应当遵守下列规定:

(一)实施前须向行政机关负责人报告并经批准;

(二)由两名以上行政执法人员实施;

(三)出示执法身份证件;

(四)通知当事人到场;

(五)当场告知当事人采取行政强制措施的理由、依据以及当事人依法享有的权利、救济途径;

(六)听取当事人的陈述和申辩;

(七)制作现场笔录;

(八)现场笔录由当事人和行政执法人员签名或者盖章,当事人拒绝的,在笔录中予以注明;

(九)当事人不到场的,邀请见证人到场,由见证人和行政执法人员在现场笔录上签名或者盖章;

(十)法律、法规规定的其他程序。

第十九条 情况紧急,需要当场实施行政强制措施的,行政执法人员应当在二十四小时内向行政机关负责人报告,并补办批准手续。行政机关负责人认为不应当采取行政强制措施的,应当立即解除。

第二十条 依照法律规定实施限制公民人身自由的行政强制措施,除应当履行本法第十八条规定的程序外,还应当遵守下列规定:

(一)当场告知或者实施行政强制措施后立即通知当事人家属实施行政强制措施的行政机关、地点和期限;

(二)在紧急情况下当场实施行政强制措施的,在返回行政机关后,立即向行政机关负责人报告并补办批准手续;

(三)法律规定的其他程序。

实施限制人身自由的行政强制措施不得超过法定期限。实施行政强制措施的目的已经达到或者条件已经消失,应当立即解除。

第二十一条 违法行为涉嫌犯罪应当移送司法机关的,行政机关应当将查封、扣押、冻结的财物一并移送,并书面告知当事人。

第二节 查封、扣押

第二十二条 查封、扣押应当由法律、法规规定的行政机关实施,其他任何行政机关或者组织不得实施。

第二十三条 查封、扣押限于涉案的场所、设施或者财物,不得查封、扣押与违法行为无关的场所、设施或者财物;不得查封、扣押公民个人及其所扶养家属的生活必需品。

当事人的场所、设施或者财物已被其他国家机关依法查封的，不得重复查封。

第二十四条　行政机关决定实施查封、扣押的，应当履行本法第十八条规定的程序，制作并当场交付查封、扣押决定书和清单。

查封、扣押决定书应当载明下列事项：

（一）当事人的姓名或者名称、地址；

（二）查封、扣押的理由、依据和期限；

（三）查封、扣押场所、设施或者财物的名称、数量等；

（四）申请行政复议或者提起行政诉讼的途径和期限；

（五）行政机关的名称、印章和日期。

查封、扣押清单一式二份，由当事人和行政机关分别保存。

第二十五条　查封、扣押的期限不得超过三十日；情况复杂的，经行政机关负责人批准，可以延长，但是延长期限不得超过三十日。法律、行政法规另有规定的除外。

延长查封、扣押的决定应当及时书面告知当事人，并说明理由。

对物品需要进行检测、检验、检疫或者技术鉴定的，查封、扣押的期间不包括检测、检验、检疫或者技术鉴定的期间。检测、检验、检疫或者技术鉴定的期间应当明确，并书面告知当事人。检测、检验、检疫或者技术鉴定的费用由行政机关承担。

第二十六条　对查封、扣押的场所、设施或者财物，行政机关应当妥善保管，不得使用或者损毁；造成损失的，应当承担赔偿责任。

对查封的场所、设施或者财物，行政机关可以委托第三人保管，第三人不得损毁或者擅自转移、处置。因第三人的原因造成的损失，行政机关先行赔付后，有权向第三人追偿。

因查封、扣押发生的保管费用由行政机关承担。

第二十七条 行政机关采取查封、扣押措施后，应当及时查清事实，在本法第二十五条规定的期限内作出处理决定。对违法事实清楚，依法应当没收的非法财物予以没收；法律、行政法规规定应当销毁的，依法销毁；应当解除查封、扣押的，作出解除查封、扣押的决定。

第二十八条 有下列情形之一的，行政机关应当及时作出解除查封、扣押决定：

（一）当事人没有违法行为；

（二）查封、扣押的场所、设施或者财物与违法行为无关；

（三）行政机关对违法行为已经作出处理决定，不再需要查封、扣押；

（四）查封、扣押期限已经届满；

（五）其他不再需要采取查封、扣押措施的情形。

解除查封、扣押应当立即退还财物；已将鲜活物品或者其他不易保管的财物拍卖或者变卖的，退还拍卖或者变卖所得款项。变卖价格明显低于市场价格，给当事人造成损失的，应当给予补偿。

第三节 冻 结

第二十九条 冻结存款、汇款应当由法律规定的行政机关实施，不得委托给其他行政机关或者组织;其他任何行政机关或者组织不得冻结存款、汇款。

冻结存款、汇款的数额应当与违法行为涉及的金额相当;已被其他国家机关依法冻结的,不得重复冻结。

第三十条 行政机关依照法律规定决定实施冻结存款、汇款的,应当履行本法第十八条第一项、第二项、第三项、第七项规定的程序,并向金融机构交付冻结通知书。

金融机构接到行政机关依法作出的冻结通知书后,应当立即予以冻结,不得拖延,不得在冻结前向当事人泄露信息。

法律规定以外的行政机关或者组织要求冻结当事人存款、汇款的,金融机构应当拒绝。

第三十一条 依照法律规定冻结存款、汇款的,作出决定的行政机关应当在三日内向当事人交付冻结决定书。冻结决定书应当载明下列事项:

(一)当事人的姓名或者名称、地址;

(二)冻结的理由、依据和期限;

(三)冻结的账号和数额;

(四)申请行政复议或者提起行政诉讼的途径和期限;

(五)行政机关的名称、印章和日期。

第三十二条 自冻结存款、汇款之日起三十日内,行政机关应当作出处理决定或者作出解除冻结决定;情况复杂的,经行政机关负责人批准,可以延长,但是延长期限不得超过三十日。法律另有规定的除外。

延长冻结的决定应当及时书面告知当事人,并说明理由。

第三十三条 有下列情形之一的,行政机关应当及时作出解除冻结决定:

(一)当事人没有违法行为;

(二)冻结的存款、汇款与违法行为无关;

(三)行政机关对违法行为已经作出处理决定,不再需要冻结;

(四)冻结期限已经届满;

(五)其他不再需要采取冻结措施的情形。

行政机关作出解除冻结决定的,应当及时通知金融机构和当事人。金融机构接到通知后,应当立即解除冻结。

行政机关逾期未作出处理决定或者解除冻结决定的,金融机构应当自冻结期满之日起解除冻结。

第四章 行政机关强制执行程序

第一节 一般规定

第三十四条 行政机关依法作出行政决定后,当事人在行政机关决定的期限内不履行义务的,具有行政强制执行权的行政机关依照本章规定强制执行。

第三十五条　行政机关作出强制执行决定前,应当事先催告当事人履行义务。催告应当以书面形式作出,并载明下列事项:

(一)履行义务的期限;

(二)履行义务的方式;

(三)涉及金钱给付的,应当有明确的金额和给付方式;

(四)当事人依法享有的陈述权和申辩权。

第三十六条　当事人收到催告书后有权进行陈述和申辩。行政机关应当充分听取当事人的意见,对当事人提出的事实、理由和证据,应当进行记录、复核。当事人提出的事实、理由或者证据成立的,行政机关应当采纳。

第三十七条　经催告,当事人逾期仍不履行行政决定,且无正当理由的,行政机关可以作出强制执行决定。

强制执行决定应当以书面形式作出,并载明下列事项:

(一)当事人的姓名或者名称、地址;

(二)强制执行的理由和依据;

(三)强制执行的方式和时间;

(四)申请行政复议或者提起行政诉讼的途径和期限;

(五)行政机关的名称、印章和日期。

在催告期间,对有证据证明有转移或者隐匿财物迹象的,行政机关可以作出立即强制执行决定。

第三十八条　催告书、行政强制执行决定书应当直接送达当事人。当事人拒绝接收或者无法直接送达当事人的,应当依照《中华人民共和国民事诉讼法》的有关规定送达。

第三十九条 有下列情形之一的,中止执行:

(一)当事人履行行政决定确有困难或者暂无履行能力的;

(二)第三人对执行标的主张权利,确有理由的;

(三)执行可能造成难以弥补的损失,且中止执行不损害公共利益的;

(四)行政机关认为需要中止执行的其他情形。

中止执行的情形消失后,行政机关应当恢复执行。对没有明显社会危害,当事人确无能力履行,中止执行满三年未恢复执行的,行政机关不再执行。

第四十条 有下列情形之一的,终结执行:

(一)公民死亡,无遗产可供执行,又无义务承受人的;

(二)法人或者其他组织终止,无财产可供执行,又无义务承受人的;

(三)执行标的灭失的;

(四)据以执行的行政决定被撤销的;

(五)行政机关认为需要终结执行的其他情形。

第四十一条 在执行中或者执行完毕后,据以执行的行政决定被撤销、变更,或者执行错误的,应当恢复原状或者退还财物;不能恢复原状或者退还财物的,依法给予赔偿。

第四十二条 实施行政强制执行，行政机关可以在不损害公共利益和他人合法权益的情况下，与当事人达成执行协议。执行协议可以约定分阶段履行；当事人采取补救措施的，可以减免加处的罚款或者滞纳金。

执行协议应当履行。当事人不履行执行协议的，行政机关应当恢复强制执行。

第四十三条 行政机关不得在夜间或者法定节假日实施行政强制执行。但是，情况紧急的除外。

行政机关不得对居民生活采取停止供水、供电、供热、供燃气等方式迫使当事人履行相关行政决定。

第四十四条 对违法的建筑物、构筑物、设施等需要强制拆除的，应当由行政机关予以公告，限期当事人自行拆除。当事人在法定期限内不申请行政复议或者提起行政诉讼，又不拆除的，行政机关可以依法强制拆除。

第二节 金钱给付义务的执行

第四十五条 行政机关依法作出金钱给付义务的行政决定，当事人逾期不履行的，行政机关可以依法加处罚款或者滞纳金。加处罚款或者滞纳金的标准应当告知当事人。

加处罚款或者滞纳金的数额不得超出金钱给付义务的数额。

第四十六条 行政机关依照本法第四十五条规定实施加处罚款

或者滞纳金超过三十日,经催告当事人仍不履行的,具有行政强制执行权的行政机关可以强制执行。

行政机关实施强制执行前,需要采取查封、扣押、冻结措施的,依照本法第三章规定办理。

没有行政强制执行权的行政机关应当申请人民法院强制执行。但是,当事人在法定期限内不申请行政复议或者提起行政诉讼,经催告仍不履行的,在实施行政管理过程中已经采取查封、扣押措施的行政机关,可以将查封、扣押的财物依法拍卖抵缴罚款。

第四十七条 划拨存款、汇款应当由法律规定的行政机关决定,并书面通知金融机构。金融机构接到行政机关依法作出划拨存款、汇款的决定后,应当立即划拨。

法律规定以外的行政机关或者组织要求划拨当事人存款、汇款的,金融机构应当拒绝。

第四十八条 依法拍卖财物,由行政机关委托拍卖机构依照《中华人民共和国拍卖法》的规定办理。

第四十九条 划拨的存款、汇款以及拍卖和依法处理所得的款项应当上缴国库或者划入财政专户。任何行政机关或者个人不得以任何形式截留、私分或者变相私分。

第三节 代 履 行

第五十条 行政机关依法作出要求当事人履行排除妨碍、恢复原状等义务的行政决定，当事人逾期不履行，经催告仍不履行，其后果已经或者将危害交通安全、造成环境污染或者破坏自然资源的，行政机关可以代履行，或者委托没有利害关系的第三人代履行。

第五十一条 代履行应当遵守下列规定：

（一）代履行前送达决定书，代履行决定书应当载明当事人的姓名或者名称、地址，代履行的理由和依据、方式和时间、标的、费用预算以及代履行人；

（二）代履行三日前，催告当事人履行，当事人履行的，停止代履行；

（三）代履行时，作出决定的行政机关应当派员到场监督；

（四）代履行完毕，行政机关到场监督的工作人员、代履行人和当事人或者见证人应当在执行文书上签名或者盖章。

代履行的费用按照成本合理确定，由当事人承担。但是，法律另有规定的除外。

代履行不得采用暴力、胁迫以及其他非法方式。

第五十二条 需要立即清除道路、河道、航道或者公共场所的遗洒物、障碍物或者污染物，当事人不能清除的，行政机关可以决定立即实施代履行；当事人不在场的，行政机关应当在事后立即通知当事人，并依法作出处理。

第五章 申请人民法院强制执行

第五十三条 当事人在法定期限内不申请行政复议或者提起行

政诉讼,又不履行行政决定的,没有行政强制执行权的行政机关可以自期限届满之日起三个月内,依照本章规定申请人民法院强制执行。

第五十四条 行政机关申请人民法院强制执行前,应当催告当事人履行义务。催告书送达十日后当事人仍未履行义务的,行政机关可以向所在地有管辖权的人民法院申请强制执行;执行对象是不动产的,向不动产所在地有管辖权的人民法院申请强制执行。

第五十五条 行政机关向人民法院申请强制执行,应当提供下列材料:

(一)强制执行申请书;

(二)行政决定书及作出决定的事实、理由和依据;

(三)当事人的意见及行政机关催告情况;

(四)申请强制执行标的情况;

(五)法律、行政法规规定的其他材料。

强制执行申请书应当由行政机关负责人签名,加盖行政机关的印章,并注明日期。

第五十六条 人民法院接到行政机关强制执行的申请,应当在五日内受理。

行政机关对人民法院不予受理的裁定有异议的,可以在十五日内向上一级人民法院申请复议,上一级人民法院应当自收到复议申请之日起十五日内作出是否受理的裁定。

第五十七条 人民法院对行政机关强制执行的申请进行书面审查,对符合本法第五十五条规定,且行政决定具备法定执行效力的,除本法第五十八条规定的情形外,人民法院应当自受理之日起七日内作出执行裁定。

第五十八条 人民法院发现有下列情形之一的,在作出裁定前可以听取被执行人和行政机关的意见:

(一)明显缺乏事实根据的;

(二)明显缺乏法律、法规依据的;

(三)其他明显违法并损害被执行人合法权益的。

人民法院应当自受理之日起三十日内作出是否执行的裁定。裁定不予执行的,应当说明理由,并在五日内将不予执行的裁定送达行政机关。

行政机关对人民法院不予执行的裁定有异议的,可以自收到裁定之日起十五日内向上一级人民法院申请复议,上一级人民法院应当自收到复议申请之日起三十日内作出是否执行的裁定。

第五十九条 因情况紧急,为保障公共安全,行政机关可以申请人民法院立即执行。经人民法院院长批准,人民法院应当自作出执行裁定之日起五日内执行。

第六十条 行政机关申请人民法院强制执行,不缴纳申请费。强制执行的费用由被执行人承担。

人民法院以划拨、拍卖方式强制执行的,可以在划拨、拍卖后将强制执行的费用扣除。

依法拍卖财物，由人民法院委托拍卖机构依照《中华人民共和国拍卖法》的规定办理。

划拨的存款、汇款以及拍卖和依法处理所得的款项应当上缴国库或者划入财政专户，不得以任何形式截留、私分或者变相私分。

第六章　法律责任

第六十一条　行政机关实施行政强制，有下列情形之一的，由上级行政机关或者有关部门责令改正，对直接负责的主管人员和其他直接责任人员依法给予处分：

（一）没有法律、法规依据的；

（二）改变行政强制对象、条件、方式的；

（三）违反法定程序实施行政强制的；

（四）违反本法规定，在夜间或者法定节假日实施行政强制执行的；

（五）对居民生活采取停止供水、供电、供热、供燃气等方式迫使当事人履行相关行政决定的；

（六）有其他违法实施行政强制情形的。

第六十二条　违反本法规定，行政机关有下列情形之一的，由上级行政机关或者有关部门责令改正，对直接负责的主管人员和其他直接责任人员依法给予处分：

（一）扩大查封、扣押、冻结范围的；

（二）使用或者损毁查封、扣押场所、设施或者财物的；

（三）在查封、扣押法定期间不作出处理决定或者未依法及时解除查封、扣押的；

（四）在冻结存款、汇款法定期间不作出处理决定或者未依法及时解除冻结的。

第六十三条　行政机关将查封、扣押的财物或者划拨的存款、汇款以及拍卖和依法处理所得的款项，截留、私分或者变相私分的，由财政部门或者有关部门予以追缴；对直接负责的主管人员和其他直接责任人员依法给予记大过、降级、撤职或者开除的处分。

行政机关工作人员利用职务上的便利，将查封、扣押的场所、设施或者财物据为己有的，由上级行政机关或者有关部门责令改正，依法给予记大过、降级、撤职或者开除的处分。

第六十四条　行政机关及其工作人员利用行政强制权为单位或者个人谋取利益的，由上级行政机关或者有关部门责令改正，对直接负责的主管人员和其他直接责任人员依法给予处分。

第六十五条　违反本法规定，金融机构有下列行为之一的，由金融业监督管理机构责令改正，对直接负责的主管人员和其他直接责任人员依法给予处分：

（一）在冻结前向当事人泄露信息的；

（二）对应当立即冻结、划拨的存款、汇款不冻结或者不划拨，致

使存款、汇款转移的;

(三)将不应当冻结、划拨的存款、汇款予以冻结或者划拨的;

(四)未及时解除冻结存款、汇款的。

第六十六条 违反本法规定,金融机构将款项划入国库或者财政专户以外的其他账户的,由金融业监督管理机构责令改正,并处以违法划拨款项二倍的罚款;对直接负责的主管人员和其他直接责任人员依法给予处分。

违反本法规定,行政机关、人民法院指令金融机构将款项划入国库或者财政专户以外的其他账户的,对直接负责的主管人员和其他直接责任人员依法给予处分。

第六十七条 人民法院及其工作人员在强制执行中有违法行为或者扩大强制执行范围的,对直接负责的主管人员和其他直接责任人员依法给予处分。

第六十八条 违反本法规定,给公民、法人或者其他组织造成损失的,依法给予赔偿。

违反本法规定,构成犯罪的,依法追究刑事责任。

第七章　附　　则

第六十九条 本法中十日以内期限的规定是指工作日,不含法定节假日。

第七十条 法律、行政法规授权的具有管理公共事务职能的组织在法定授权范围内,以自己的名义实施行政强制,适用本法有关行政机关的规定。

第七十一条　本法自 2012 年 1 月 1 日起施行。

4. 中华人民共和国人民警察法

(1995 年 2 月 28 日第八届全国人民代表大会常务委员会第十二次会议通过 根据 2012 年 10 月 26 日第十一届全国人民代表大会常务委员会第二十九次会议《关于修改〈中华人民共和国人民警察法〉的决定》修正)

目　　录

第一章　总　　则

第一条　为了维护国家安全和社会治安秩序,保护公民的合法权益,加强人民警察的队伍建设,从严治警,提高人民警察的素质,保障人民警察依法行使职权,保障改革开放和社会主义现代化建设的顺利进行,根据宪法,制定本法。

第二条　人民警察的任务是维护国家安全,维护社会治安秩序,保护公民的人身安全、人身自由和合法财产,保护公共财产,预防、制止和惩治违法犯罪活动。

人民警察包括公安机关、国家安全机关、监狱、劳动教养管理机关的人民警察和人民法院、人民检察院的司法警察。

第三条　人民警察必须依靠人民的支持,保持同人民的密切联系,倾听人民的意见和建议,接受人民的监督,维护人民的利益,全心全意为人民服务。

第四条　人民警察必须以宪法和法律为活动准则,忠于职守,清正廉洁,纪律严明,服从命令,严格执法。

第五条　人民警察依法执行职务,受法律保护。

第二章　职　　权

第六条　公安机关的人民警察按照职责分工,依法履行下列职责:

(一)预防、制止和侦查违法犯罪活动;

(二)维护社会治安秩序,制止危害社会治安秩序的行为;

(三)维护交通安全和交通秩序,处理交通事故;

(四)组织、实施消防工作,实行消防监督;

(五)管理枪支弹药、管制刀具和易燃易爆、剧毒、放射性等危险物品;

(六)对法律、法规规定的特种行业进行管理;

(七)警卫国家规定的特定人员,守卫重要的场所和设施;

(八)管理集会、游行、示威活动;

(九)管理户政、国籍、入境出境事务和外国人在中国境内居留、旅行的有关事务;

(十)维护国(边)境地区的治安秩序;

(十一)对被判处拘役、剥夺政治权利的罪犯执行刑罚;

(十二)监督管理计算机信息系统的安全保护工作;

(十三)指导和监督国家机关、社会团体、企业事业组织和重点建设工程的治安保卫工作,指导治安保卫委员会等群众性组织的治安防范工作;

(十四)法律、法规规定的其他职责。

第七条 公安机关的人民警察对违反治安管理或者其他公安行政管理法律、法规的个人或者组织,依法可以实施行政强制措施、行政处罚。

第八条　公安机关的人民警察对严重危害社会治安秩序或者威胁公共安全的人员，可以强行带离现场、依法予以拘留或者采取法律规定的其他措施。

第九条　为维护社会治安秩序，公安机关的人民警察对有违法犯罪嫌疑的人员，经出示相应证件，可以当场盘问、检查；经盘问、检查，有下列情形之一的，可以将其带至公安机关，经该公安机关批准，对其继续盘问：

（一）被指控有犯罪行为的；

（二）有现场作案嫌疑的；

（三）有作案嫌疑身份不明的；

（四）携带的物品有可能是赃物的。

对被盘问人的留置时间自带至公安机关之时起不超过二十四小时，在特殊情况下，经县级以上公安机关批准，可以延长至四十八小时，并应当留有盘问记录。对于批准继续盘问的，应当立即通知其家属或者其所在单位。对于不批准继续盘问的，应当立即释放被盘问人。

经继续盘问，公安机关认为对被盘问人需要依法采取拘留或者其他强制措施的，应当在前款规定的期间作出决定；在前款规定的期间不能作出上述决定的，应当立即释放被盘问人。

第十条　遇有拒捕、暴乱、越狱、抢夺枪支或者其他暴力行为的紧急情况，公安机关的人民警察依照国家有关规定可以使用武器。

第十一条 为制止严重违法犯罪活动的需要,公安机关的人民警察依照国家有关规定可以使用警械。

第十二条 为侦查犯罪活动的需要,公安机关的人民警察可以依法执行拘留、搜查、逮捕或者其他强制措施。

第十三条 公安机关的人民警察因履行职责的紧急需要,经出示相应证件,可以优先乘坐公共交通工具,遇交通阻碍时,优先通行。

公安机关因侦查犯罪的需要,必要时,按照国家有关规定,可以优先使用机关、团体、企业事业组织和个人的交通工具、通信工具、场地和建筑物,用后应当及时归还,并支付适当费用;造成损失的,应当赔偿。

第十四条 公安机关的人民警察对严重危害公共安全或者他人人身安全的精神病人,可以采取保护性约束措施。需要送往指定的单位、场所加以监护的,应当报请县级以上人民政府公安机关批准,并及时通知其监护人。

第十五条 县级以上人民政府公安机关,为预防和制止严重危害社会治安秩序的行为,可以在一定的区域和时间,限制人员、车辆的通行或者停留,必要时可以实行交通管制。

公安机关的人民警察依照前款规定,可以采取相应的交通管制措施。

第十六条 公安机关因侦查犯罪的需要,根据国家有关规定,经过严格的批准手续,可以采取技术侦察措施。

第十七条 县级以上人民政府公安机关，经上级公安机关和同级人民政府批准，对严重危害社会治安秩序的突发事件，可以根据情况实行现场管制。

公安机关的人民警察依照前款规定，可以采取必要手段强行驱散，并对拒不服从的人员强行带离现场或者立即予以拘留。

第十八条 国家安全机关、监狱、劳动教养管理机关的人民警察和人民法院、人民检察院的司法警察，分别依照有关法律、行政法规的规定履行职权。

第十九条 人民警察在非工作时间，遇有其职责范围内的紧急情况，应当履行职责。

第三章　义务和纪律

第二十条 人民警察必须做到：

(一)秉公执法，办事公道；

(二)模范遵守社会公德；

(三)礼貌待人，文明执勤；

(四)尊重人民群众的风俗习惯。

第二十一条 人民警察遇到公民人身、财产安全受到侵犯或者处于其他危难情形，应当立即救助；对公民提出解决纠纷的要求，应当给予帮助；对公民的报警案件，应当及时查处。

人民警察应当积极参加抢险救灾和社会公益工作。

第二十二条 人民警察不得有下列行为:

(一)散布有损国家声誉的言论,参加非法组织,参加旨在反对国家的集会、游行、示威等活动,参加罢工;

(二)泄露国家秘密、警务工作秘密;

(三)弄虚作假,隐瞒案情,包庇、纵容违法犯罪活动;

(四)刑讯逼供或者体罚、虐待人犯;

(五)非法剥夺、限制他人人身自由,非法搜查他人的身体、物品、住所或者场所;

(六)敲诈勒索或者索取、收受贿赂;

(七)殴打他人或者唆使他人打人;

(八)违法实施处罚或者收取费用;

(九)接受当事人及其代理人的请客送礼;

(十)从事营利性的经营活动或者受雇于任何个人或者组织;

(十一)玩忽职守,不履行法定义务;

(十二)其他违法乱纪的行为。

第二十三条 人民警察必须按照规定着装,佩带人民警察标志或者持有人民警察证件,保持警容严整,举止端庄。

第四章 组织管理

第二十四条 国家根据人民警察的工作性质、任务和特点,规定组织机构设置和职务序列。

第二十五条 人民警察依法实行警衔制度。

第二十六条 担任人民警察应当具备下列条件:

(一)年满十八岁的人民;

(二)拥护中华人民共和国宪法;

(三)有良好的政治、业务素质和良好的品行;

(四)身体健康;

(五)具有高中毕业以上文化程度;

(六)自愿从事人民警察工作。

有下列情形之一的,不得担任人民警察:

(一)曾因犯罪受过刑事处罚的;

(二)曾被开除公职的。

第二十七条 录用人民警察,必须按照国家规定,公开考试,严格考核,择优选用。

第二十八条 担任人民警察领导职务的人员,应当具备下列条件:

(一)具有法律专业知识;

(二)具有政法工作经验和一定的组织管理、指挥能力;

(三)具有大学专科以上学历;

(四)经人民警察院校培训,考试合格。

第二十九条 国家发展人民警察教育事业,对人民警察有计划地进行政治思想、法制、警察业务等教育培训。

第三十条 国家根据人民警察的工作性质、任务和特点,分别规定不同岗位的服务年限和不同职务的最高任职年龄。

第三十一条 人民警察个人或者集体在工作中表现突出,有显著成绩和特殊贡献的,给予奖励。奖励分为:嘉奖、三等功、二等功、一等功、授予荣誉称号。

对受奖励的人民警察,按照国家有关规定,可以提前晋升警衔,并给予一定的物质奖励。

第五章 警务保障

第三十二条 人民警察必须执行上级的决定和命令。

人民警察认为决定和命令有错误的,可以按照规定提出意见,但不得中止或者改变决定和命令的执行;提出的意见不被采纳时,必须服从决定和命令;执行决定和命令的后果由作出决定和命令的上级负责。

第三十三条 人民警察对超越法律、法规规定的人民警察职责范围的指令,有权拒绝执行,并同时向上级机关报告。

第三十四条 人民警察依法执行职务,公民和组织应当给予支持和协助。公民和组织协助人民警察依法执行职务的行为受法律保护。对协助人民警察执行职务有显著成绩的,给予表彰和奖励。

公民和组织因协助人民警察执行职务,造成人身伤亡或者财产损失的,应当按照国家有关规定给予抚恤或者补偿。

第三十五条 拒绝或者阻碍人民警察依法执行职务,有下列行为之一的,给予治安管理处罚:

(一)公然侮辱正在执行职务的人民警察的;

(二)阻碍人民警察调查取证的;

(三)拒绝或者阻碍人民警察执行追捕、搜查、救险等任务进入有关住所、场所的;

(四)对执行救人、救险、追捕、警卫等紧急任务的警车故意设置障碍的;

(五)有拒绝或者阻碍人民警察执行职务的其他行为的。

以暴力、威胁方法实施前款规定的行为,构成犯罪的,依法追究刑事责任。

第三十六条 人民警察的警用标志、制式服装和警械,由国务院公安部门统一监制,会同其他有关国家机关管理,其他个人和组织不得非法制造、贩卖。

人民警察的警用标志、制式服装、警械、证件为人民警察专用,其他个人和组织不得持有和使用。

违反前两款规定的,没收非法制造、贩卖、持有、使用的人民警察警用标志、制式服装、警械、证件,由公安机关处十五日以下拘留或者警告,可以并处违法所得五倍以下的罚款;构成犯罪的,依法追究刑事责任。

第三十七条 国家保障人民警察的经费。人民警察的经费,按照事权划分的原则,分别列入中央和地方的财政预算。

第三十八条 人民警察工作所必需的通讯、训练设施和交通、消防以及派出所、监管场所等基础设施建设,各级人民政府应当列入基本建设规划和城乡建设总体规划。

第三十九条 国家加强人民警察装备的现代化建设,努力推广、应用先进的科技成果。

第四十条 人民警察实行国家公务员的工资制度,并享受国家规定的警衔津贴和其他津贴、补贴以及保险福利待遇。

第四十一条 人民警察因公致残的,与因公致残的现役军人享受国家同样的抚恤和优待。

人民警察因公牺牲或者病故的,其家属与因公牺牲或者病故的现役军人家属享受国家同样的抚恤和优待。

第六章 执法监督

第四十二条 人民警察执行职务,依法接受人民检察院和行政监察机关的监督。

第四十三条 人民警察的上级机关对下级机关的执法活动进行监督,发现其作出的处理或者决定有错误的,应当予以撤销或者变更。

第四十四条 人民警察执行职务,必须自觉地接受社会和公民的监督。人民警察机关作出的与公众利益有直接有关的规定,应当向公众公布。

第四十五条 人民警察在办理治安案件过程中，遇有下列情形之一的，应当回避，当事人或者其法定代理人也有权要求他们回避：

（一）是本案的当事人或者是当事人的近亲属的；

（二）本人或者其近亲属与本案有利害关系的；

（三）与本案当事人有其他关系，可能影响案件公正处理的。

前款规定的回避，由有关的公安机关决定。

人民警察在办理刑事案件过程中的回避，适用刑事诉讼法的规定。

第四十六条 公民或者组织对人民警察的违法、违纪行为，有权向人民警察机关或者人民检察院、行政监察机关检举、控告。受理检举、控告的机关应当及时查处，并将查处结果告知检举人、控告人。

对依法检举、控告的公民或者组织，任何人不得压制和打击报复。

第四十七条 公安机关建立督察制度，对公安机关的人民警察执行法律、法规、遵守纪律的情况进行监督。

第七章 法律责任

第四十八条 人民警察有本法第二十二条所列行为之一的，应当给予行政处分；构成犯罪的，依法追究刑事责任。

行政处分分为：警告、记过、记大过、降级、撤职、开除。对受行政处分的人民警察，按照国家有关规定，可以降低警衔、取消警衔。

对违反纪律的人民警察，必要时可以对其采取停止执行职务、禁闭的措施。

第四十九条 人民警察违反规定使用武器、警械，构成犯罪的，依法追究刑事责任；尚不构成犯罪的，应当依法给予行政处分。

第五十条 人民警察在执行职务中，侵犯公民或者组织的合法权益造成损害的，应当依照《中华人民共和国国家赔偿法》和其他有关法律、法规的规定给予赔偿。

第八章　附　　则

第五十一条 中国人民武装警察部队执行国家赋予的安全保卫任务。

第五十二条 本法自公布之日起施行。1957 年 6 月 25 日公布的《中华人民共和国人民警察条例》同时废止。